Cesare Pa

21/22

Dialoghi con Leucò

Edizioni HOGWORDS
a cura di Claudio CALZONI

Prefazione

Sono passati molti anni dall'ultima volta che ho avuto questo libro sul comodino accanto al letto.

Ero un giovane universitario, sempre alla ricerca di un'ispirazione poetica, prima impegnato a fare il servizio militare, poi a cercare un lavoro per pagarmi gli studi. Vivevo nell'illusione di diventare giornalista, di scrivere libri, di poter vivere di arte e delle passioni che avevo (la musica, la poesia, lo studio). Ora, che sono passati moltissimi anni e una quantità straordinaria di eventi, ho quasi realizzato i miei sogni, e questo mi basta.

Dicevo del libro. "Dialoghi con Leucò" di Cesare Pavese, pubblicato per la prima volta nel 1946, è stato, ed è ancora, uno dei libri che mi ha colpito e segnato di più. L'ho letto per la prima volta credo a diciassette, diciotto anni ed è subito entrato nella mia vita. E puntualmente ritorna con cadenze costanti e scadenze importanti.

Ho proposto la pubblicazione di questo strano volume (strano per tanti motivi che analizzeremo in seguito) adducendo all'editore una marea di motivazioni personali, riconducibili essenzialmente all'amore profondo che nutro per la poesia, la prosa, la vita e la figura di Pavese.

In realtà la situazione generale dei tempi mi ha fatto ragionare su alcuni aspetti dell'opera che la rendono attuale e molto interessante per il lettore odierno e che, secondo me, superano le mie motivazioni personali.

Lo scoppio della Pandemia di Covid 19 ha comportato una tremenda modifica dei comportamenti umani, delle abitudini e delle paure che attanagliano le anime dei viventi. Improvvisamente la popolazione mondiale, in particolar modo quella del mondo occidentale, sta subendo uno dei più gravi e micidiali attacchi dell'intera storia umana. E non è solo il virus a interagire con la mente della gente. Sono le discussioni e le interazioni dei media, le intrusioni delle grandi potenze economiche, le paure, la rabbia e, su tutto, il senso della perdita della libertà individuale, della impossibilità di reagire alla rovina immanente. Mai come ora l'umanità sta cercando risposte a domande antiche, che sono diventate di un'attualità disarmante. E questo libro, pur essendo ambientato tra i monti e le isole del Mito, è tutto una domanda, un cercare risposte. Questo lo rende estremamente moderno, anzi attualissimo.

Aprirlo, leggere e lasciarsi travolgere dalle parole, è come entrare in un mondo che ha valenze enormi.

Il Mito è la rimembranza che ognuno si porta dentro. È l'archetipo dormiente nelle nostre menti. C'è chi ha la fortuna di averlo conosciuto nella forma classica, per motivi casuali quali la provenienza sociale, l'opportunità di studiare, la passione per le lingue antiche o contemporanee che siano. C'è, nel mondo, una marea di donne e di uomini che pur non avendo mai sentito parlare di Mito (o almeno di ciò che in occidente viene definito così) vivono intensamente l'essenza della mitologia primordiale, nei loro pensieri, nei loro comportamenti. Tutti i sette miliardi di cuori che si agitano su questo pianeta hanno incise nelle loro anime, nel loro patrimonio genetico, le stimmate dell'epopea terrestre, le tracce della ricerca infinita della gloria dell'uomo, delle ferite e della forza delle donne, della spensieratezza dei giovani e del ricordo dell'età dell'oro, che brucia come fiamma eterna nei nostri cuori. Le parole colte dei poeti, i nomi regalati dagli Dei alle cose, ai personaggi, agli eventi, rimbalzano tra le epoche storiche, emergendo, costruendo gli ideali delle comunità e la solitudine riflessiva dei più sensibili. Un confronto continuo tra la realtà e qualcosa di sconosciuto ma rintracciabile in tempi e in spazi non identificati, e pieno di Tutto.

Ecco, il libro di Cesare Pavese è tutto ciò. Poesia estrema, freddezza glaciale e calore che esplode, storia, evocazione, profezia, inganno e Mito, mito immortale e sepolto, che lacera e ferisce le menti tranquille del nostro tempo.

Scritto subito dopo la seconda guerra mondiale, "I dialoghi" è il libro più caro all'autore torinese, tanto da essere stato trovato accanto al suo letto di morte, in una stanza dell'Hotel Roma, di Piazza Carlo Felice a Torino, nella tragica mattina del 27 agosto del 1950. In prima pagina, lo scrittore, nell'atto di ingerire dieci bustine di sonnifero, aveva scritto a penna "Perdono tutti e a tutti chiedo perdono. Va bene? Non fate troppi pettegolezzi". Aveva 42 anni e, in quel periodo storico, era considerato uno dei più importanti intellettuali italiani. Lavorava per le Edizioni Einaudi, era amico di tanti personaggi importanti della letteratura e della cultura, era un ottimo traduttore dall'inglese e grande conoscitore degli autori americani (nel 31 aveva tradotto Moby Dick per un compenso di 1000 lire). La sua vita si intrecciava anche con la politica che lui sentiva più come un dovere, un faticoso onere da sopportare per lavoro e gratitudine verso gli amici e non certo una sincera passione.

Lui, giovane insegnante, condannato come antifascista nel 1935, forse per errore e certamente per una delazione, dopo qualche mese di carcere aveva addirittura subito il confino a Brancaleone Calabro. Poi, sempre su sollecitazione degli amici, si era iscritto subito dopo la guerra al Partito Comunista.

Perennemente innamorato, almeno sulla carta, delle tante donne che aveva conosciuto, sempre insoddisfatto, sempre alla ricerca di quello che nessuna avrebbe potuto dargli (ed in questo ambito quante illazioni si sono sprecate negli anni?) non faceva che esaltarsi per uno sguardo e deprimersi per una parola mal compresa.

Era nato durante una vacanza estiva dei suoi genitori nella casa paterna a Santo Stefano Belbo, paese delle Langhe, vicino a quelle colline che tanto torneranno nelle sue poesie e nei racconti. Ma, tranne qualche mese passato a Roma alternativamente negli anni ha sempre vissuto a Torino. Da piccolo abitava in via XX Settembre 79 e, nel 1930 dopo la morte della madre (il padre era morto di cancro nel 1914) andò a vivere in Via Lamarmora 35. Era, quindi, torinese a tutti gli effetti ed ogni angolo di Torino ha il sapore della sua presenza, nonostante la città abbia quasi dimenticato uno dei suoi figli più sensibili e sapienti.

Avete compreso, certamente da queste mie poche parole introduttive, che non analizzerò i "Dialoghi" con il piglio del critico, del saccente e del cattedratico. Non saprei farlo, e non voglio nemmeno. Il libro ha valenze poetiche e di linguaggio talmente forti che si sorregge da solo nell'Olimpo della letteratura Italiana, non sta a me certo esaltarne le qualità.

Mi permetto di confessare al lettore il motivo della mia volontà, espressa con foga risolutiva all'editore, di proporre questa nuova edizione, di lanciare, ancora una volta, sul mercato letterario italiano quest'opera decisamente poco "famosa".

Abbiamo visto che "I dialoghi con Leucò" è stato il libro forse più caro a Pavese, la composizione più libera dai vincoli imposti dal sistema intellettuale del tempo. L'opera è sicuramente lontana, almeno in apparenza, dalle mode stilistiche di quegli anni ed è, certamente, quella che alla sua uscita fu meno apprezzata dalla corrente politica di cui l'autore torinese avrebbe dovuto essere una delle voci più in vista. Certo, temi come la Mitologia, l'ellenismo, la religione, la solitudine umana, la potenza del destino e della morte, non erano molto cari all'intellighenzia della sinistra che dominava nei circoli culturali, nelle riviste, nell'informazione, nel cinema del primo dopoguerra e che, ancor oggi, ha una lunga mano dominante su tutto quello che si muove nella cultura italiana. Quei temi, anzi, stonavano con l'impostazione marxista-leninista e filo sovietica del Partito ed il giovane intellettuale torinese fu molto criticato per quest'opera e, da allora, pur restando nelle grazie di molti amici, tanti compagni di partito gli volsero le spalle. *

La critica del tempo, e ancor di più quella, politicamente corretta e appiattita negli stilemi, d'oggi si trova spiazzata nel giudicare le opere di Pavese, tanto che l'autore nella cultura scolastica odierna viene spesso sempre più amalgamato a tutto il movimento culturale di quegli anni (Vittorini, Calvino, il neorealismo cinematografico) evitando di analizzare le vere passioni intellettuali, e personali, dell'uomo e dello scrittore. Lui stesso, già negli anni del trionfo (ricordiamo che al momento del suicidio era ancora molto giovane ed impegnatissimo nel lavoro) si definisce "non un buon compagno". Alcuni critici di parte lo accusavano di essere troppo americano, troppo legato al Mito ed alla visione trasognata del mondo, e lo invitavano a pensare più alle masse operaie, agli orrori del fascismo, alla felicità delle vittorie e dell'ascesa del popolo democratico e proletario che non ai miti greci ed alle sue elucubrazioni personali.

Per ridare la dignità che merita a Cesare Pavese ho pensato di riproporre questo libro al grande pubblico.

Vorrei riportare alla luce della ribalta e delle anime dei lettori le sue parole, o meglio le parole che mette in bocca ai tanti personaggi di questo libro. La sofferenza, la luce, la guerra e la gioia, l'amore ed il sangue, soprattutto il ricordo, la nostalgia e la solitudine emergono da queste pagine e, sono certo, possono ancora colpire il cuore degli uomini innamorati e tristi, delusi e impegnati, forti e perennemente battuti. Quante storie ritroverà il lettore, quanti eventi evocati in queste pagine piene di Dei, ninfe, eroi, tutti parte di un tempo immoto e ignoto, l'oggi, il domani, il passato, il futuro?

L'esaltazione della vita nell'incubo costante della morte, severa, necessaria, immanente.

È il Pavese più sincero che traspare nel discorso verbale più asciutto e pensato, quasi fossero versi in successione di un poema lontano, con un ritmo tangibile, chiaro, tecnicamente perfetto e sensualmente accattivante. Un poema in cui hanno una gran voce le donne del Mito, siano Dee o eroine, fuscelli strappati, spuma di onda o madri trafitte, o streghe sapienti, profetesse e vergini innamorate. Un poema pieno di natura e trasfigurazioni, quelle che, ci rimembra l'autore, hanno riempito il nostro passato fatto di istinto animale e lotta fratricida. Di contro è chiara la disperazione d'aver perso tutto, la compagnia e la voce degli antichi Dei, la speranza dell'Età dell'Oro, la gioia della vita senza morte.

Ecco di questo ci racconta il libro, e ci invoglia a conoscere meglio, da studenti voraci, quei nomi, così eterni e potenti, quei personaggi di cui non abbiamo memoria ma che ci appaiono subito familiari. Per questo ho insistito, perché fin quando qualcuno ricorderà Bellerofonte o Tiresia, il mondo avrà armi per combattere la noia e l'insofferenza, la mediocrità e l'apatia.

Condivido con Cesare molto di più di quanto ai lettori di queste pagine sia concesso sapere, e non sono solo gli anni di studio e di lettura, la passione per la poesia e per le donne. Ho angoli della vita in cui ho provato personalmente molte emozioni già provate e vissute tra le sue pagine, già elaborate con perseveranza nei miei pensieri.

Spero che questa personalissima condivisione non dia fastidio al lettore. Ognuno ha il suo modo di leggere.

Claudio Galzoni

*Piccola nota al testo: al contrario di tutte le altre opere dello scrittore torinese, i "Dialoghi" sono totalmente avulsi dal tempo e dalla realtà storica in cui sono stati pensati e scritti. Tutti i racconti, i romanzi e persino le poesie di Pavese sono inseriti nella realtà temporale e sociale in cui l'autore opera e vive. Questi piccoli camei, invece, sono completamente lontani da ogni riferimento all'attualità, alla vita contemporanea, addirittura alla vita sociale del dopoguerra italiano. Non c'è, neppure a cercarlo tra le righe, un solo accenno pratico ed esplicito a tutto questo. Sono certo che oltre a dare fastidio a molti da un punto di vista politico, la questione sia segno preciso della volontà dell'autore.

Cesare Pavese

Dialoghi con Leucò

Potendo si sarebbe volentieri fatto a meno di tanta mitologia. Ma siamo convinti che il mito è un linguaggio, un mezzo espressivo – cioè non qualcosa di arbitrario ma un vivaio di simboli cui appartiene, come a tutti i linguaggi, una particolare sostanza di significati che null'altro potrebbe rendere. Quando ripetiamo un nome proprio, un gesto, un prodigio mitico, esprimiamo in mezza riga, in poche sillabe, un fatto sintetico e comprensivo, un midollo di realtà che vivifica e nutre tutto un organismo di passione, di stato umano, tutto un complesso concettuale. Se poi questo nome, questo gesto ci è familiare fin dall'infanzia, dalla scuola – tanto meglio. L'inquietudine è più vera e tagliente quando sommuove una materia consueta. Qui ci siamo accontentati di servirci di miti ellenici data la perdonabile voga popolare di questi miti, la loro immediata e tradizionale accettabilità. Abbiamo orrore di tutto ciò che è incomposto, eteroclito, accidentale e cerchiamo – anche materialmente – di limitarci, di darci una cornice, d'insistere su una conclusa presenza. Siamo convinti che una grande rivelazione può uscire soltanto dalla testarda insistenza su una stessa difficoltà. Non abbiamo nulla in comune coi viaggiatori, gli sperimentatori, gli avventurieri. Sappiamo che il più sicuro – e più rapido – modo di stupirci è di fissare imperterriti sempre lo stesso oggetto. Un bel momento quest'oggetto ci sembrerà – miracoloso – di non averlo visto mai.

La nube

Che Issione finisse nel Tartaro per la sua audacia, è probabile. Falso invece che generasse i Centauri dalle nuvole. Costoro eran già un popolo al tempo delle nozze di suo figlio. Lapiti e Centauri escono da quel mondo titanico, in cui era consentito alle nature più diverse di mischiarsi, e spesseggiavano quei mostri contro i quali l'Olimpo sarà poi implacabile.

(parlano la Nube e Issione)

LA NUBE. – C'è una legge, Issione, cui bisogna ubbidire.

ISSIONE. – Quassù la legge non arriva, Nefele. Qui la legge è il nevaio, la bufera, la tenebra. E quando viene il giorno chiaro e tu ti accosti leggera alla rupe, è troppo bello per pensarci ancora.

LA NUBE. – C'è una legge, Issione, che prima non c'era. Le nubi le aduna una mano più forte.

ISSIONE. – Qui non arriva questa mano. Tu stessa, adesso che è sereno, ridi. E quando il cielo s'oscura e urla il vento, che importa la mano che ci sbatte come gòcciole? Accadeva già ai tempi che non c'era padrone. Nulla è mutato sopra i monti. Noi siamo avvezzi a tutto questo.

LA NUBE. – Molte cose son mutate sui monti. Lo sa il Pelio, lo sa l'Ossa e l'Olimpo. Lo sanno monti più selvaggi ancora.

ISSIONE. – E che cosa è mutato, Nefele, sui monti?

LA NUBE. – Né il sole né l'acqua, Issione. La sorte dell'uomo, è mutata. Ci sono dei mostri. Un limite è posto a voi uomini. L'acqua, il vento, la rupe e la nuvola non son più cosa vostra, non potete più stringerli a voi generando e vivendo. Altre mani ormai tengono il mondo. C'è una legge, Issione.

ISSIONE. – Quale legge?

LA NUBE. – Già lo sai. La tua sorte, il limite...

ISSIONE. – La mia sorte l'ho in pugno, Nefele. Che cosa è mutato? Questi nuovi padroni posson forse impedirmi di scagliare un macigno per gioco? o di scendere nella pianura e spezzare la schiena a un nemico? Saranno loro più terribili della stanchezza e della morte?

LA NUBE. – Non è questo, Issione. Tutto ciò lo puoi fare e altro ancora. Ma non puoi più mischiarti a noialtre, le ninfe delle polle e dei monti, alle figlie del vento, alle dee della terra. È mutato il destino.

ISSIONE. – Non puoi più... Che vuol dire, Nefele?

LA NUBE. – Vuol dire che, volendo far questo, faresti invece delle cose terribili. Come chi, per carezzare un compagno, lo strozzasse o ne venisse strozzato.

ISSIONE. – Non capisco. Non verrai più sulla montagna? Hai paura di me?

LA NUBE. – Verrò sulla montagna e dovunque. Tu non puoi farmi nulla, Issione. Non puoi far nulla contro l'acqua e contro il vento. Ma devi chinare la testa. Solamente così salverai la tua sorte.

ISSIONE. – Tu hai paura, Nefele.

LA NUBE. – Ho paura. Ho veduto le cime dei monti. Ma non per me, Issione. Io non posso patire. Ho paura per voi che non siete che uomini. Questi monti che un tempo correvate da padroni, queste creature nostre e tue generate in libertà, ora tremano a un cenno. Siamo tutti asserviti a una mano più forte. I figli dell'acqua e del vento, i centauri, si nascondono in fondo alle forre. Sanno di essere mostri.

ISSIONE. – Chi lo dice?

LA NUBE. – Non sfidare la mano, Issione. È la sorte. Ne ho veduti di audaci più di loro e di te precipitare dalla rupe e non morire. Capiscimi, Issione. La morte, ch'era il vostro coraggio, può esservi tolta come un bene. Lo sai questo?

ISSIONE. – Me l'hai detto altre volte. Che importa? Vivremo di più.

LA NUBE. – Tu giochi e non conosci gli immortali.

ISSIONE. – Vorrei conoscerli, Nefele.

LA NUBE. – Issione, tu credi che sian presenze come noi, come la Notte, la Terra o il vecchio Pan. Tu sei giovane, Issione, ma sei nato sotto il vecchio destino. Per te non esistono mostri ma soltanto compagni. Per te la morte è una cosa che accade, come il giorno e la notte. Tu sei uno di noi, Issione. Tu sei tutto nel gesto che fai. Ma per loro, gli immortali, i tuoi gesti hanno un senso che si prolunga. Essi tastano tutto da lontano con gli occhi, le narici, le labbra. Sono immortali e non san vivere da soli. Quello che tu compi o non compi, quel che dici, che cerchi – tutto a loro contenta o dispiace. E se tu li disgusti – se per errore li disturbi nel loro Olimpo – ti piombano addosso, e ti dànno la morte – quella morte che loro conoscono, ch'è un amaro sapore che dura e si sente.

Issione. – Dunque si può ancora morire.

La Nube. – No, Issione. Faranno di te come un'ombra, ma un'ombra che rivuole la vita e non muore mai più.

Issione. – Tu li hai veduti questi dèi?

La Nube. – Li ho veduti... O Issione, non sai quel che chiedi.

Issione. – Anch'io ne ho veduti, Nefele. Non sono terribili.

La Nube. – Lo sapevo. La tua sorte è segnata. Chi hai visto?

Issione. – Come posso saperlo? Era un giovane, che traversava la foresta a piedi nudi. Mi passò accanto e non mi disse una parola. Poi davanti a una rupe scomparve. Lo cercai a lungo per chiedergli chi era – lo stupore mi aveva inchiodato. Sembrava fatto della stessa carne tua.

La Nube. – Hai veduto lui solo?

ISSIONE. − Poi in sogno l'ho rivisto con le dee. E mi parve di stare con loro, di parlare e di ridere con loro. E mi dicevano le cose che tu dici, ma senza paura, senza tremare come te. Parlammo insieme del destino e della morte. Parlammo dell'Olimpo, ridemmo dei ridicoli mostri...

LA NUBE. − O Issione, Issione, la tua sorte è segnata. Adesso sai cos'è mutato sopra i monti. E anche tu sei mutato. E credi di essere qualcosa più di un uomo.

ISSIONE. − Ti dico, Nefele, che tu sei come loro. Perché, almeno in sogno, non dovrebbero piacermi?

LA NUBE. − Folle, non puoi fermarti ai sogni. Salirai fino a loro. Farai qualcosa di terribile. Poi verrà quella morte.

ISSIONE. − Dimmi i nomi di tutte le dee.

LA NUBE. − Lo vedi che il sogno non ti basta già più? E che credi al tuo sogno come fosse reale? Io ti supplico, Issione, non salire alla vetta. Pensa ai mostri e ai castighi. Altro da loro non può uscire.

ISSIONE. − Ho fatto ancora un altro sogno questa notte. C'eri anche tu, Nefele. Combattevamo coi Centauri. Avevo un figlio ch'era il figlio di una dea, non so quale. E mi pareva quel giovane che traversò la foresta. Era più forte anche di me, Nefele. I centauri fuggirono, e la montagna fu nostra. Tu ridevi, Nefele. Vedi che anche nel sogno, la mia sorte è accettabile.

LA NUBE. – La tua sorte è segnata. Non si sollevano impunemente
gli occhi a una dea.

ISSIONE. – Nemmeno a quella della quercia, la signora delle cime?

LA NUBE. – L'una o l'altra, Issione, non importa. Ma non temere.
Starò con te fino alla fine.

La Chimera

Volentieri i giovani greci andavano a illustrarsi e morire in Oriente. Qui la loro virtuosa baldanza navigava in un mare di favolose atrocità cui non tutti seppero tener testa. Inutile far nomi. Del resto le Crociate furono molte più di sette. Della tristezza che consunse nei tardi anni l'uccisore della Chimera, e del nipote Sarpedonte che morì giovane sotto Troia, ci parla nientemeno che Omero nel sesto dell'*Iliade*.

(parlano Ippòloco e Sarpedonte)

IPPÒLOCO. — Eccoti, ragazzo.

SARPEDONTE. — Ho veduto tuo padre, Ippòloco. Non vuol saperne di tornare. Passeggia brutto e testardo le campagne, e non cura le intemperie, né si lava. È vecchio e pezzente, Ippòloco.

IPPÒLOCO. — Di lui che dicono i villani?

SARPEDONTE. — Il campo Aleio è desolato, zio. Non ci sono che canne e paludi. Sul Xanto dove ho chiesto di lui, non l'avevano visto da giorni.

IPPÒLOCO. — E lui che dice?

SARPEDONTE. — Non ricorda né noi né le case. Quando incontra qualcuno, gli parla dei Sòlimi, e di Glauco, di sìsifo, della

Chimera. Vedendomi ha detto: «Ragazzo, s'io avessi i tuoi anni, mi sarei già buttato a mare». Ma non minaccia anima viva. «Ragazzo» mi ha detto, «tu sei giusto e pietoso. Siamo uomini giusti e pietosi. Se vuoi vivere giusto e pietoso, smetti di vivere».

IPPÒLOCO. – Davvero brontola e rimpiange a questo modo?

SARPEDONTE. – Dice cose minacciose e terribili. Chiama gli dèi a misurarsi con lui. Giorno e notte, cammina. Ma non ingiuria né compiange che i morti – o gli dèi.

IPPÒLOCO. – Glauco e sìsifo, hai detto?

SARPEDONTE. – Dice che furono puniti a tradimento. Perché aspettare che invecchiassero, per sorprenderli tristi e caduchi? «Bellerofonte» dice, «fu giusto e pietoso fin che il sangue gli corse nei muscoli. E adesso che è vecchio e che è solo, proprio adesso gli dèi l'abbandonano?»

IPPÒLOCO. – Strana cosa, stupirsi di questo. E accusare gli dèi di ciò che tocca a tutti i vivi. Ma lui che cosa ha di comune con quei morti – lui che fu sempre giusto?

SARPEDONTE. – Ascolta, Ippòloco... Anch'io mi son chiesto, vedendo quell'occhio smarrito, se parlavo con l'uomo che un tempo fu Bellerofonte. A tuo padre è accaduto qualcosa. Non è vecchio soltanto. Non è soltanto triste e solo. Tuo padre sconta la Chimera.

IPPÒLOCO. – Sarpedonte, sei folle?

SARPEDONTE. – Tuo padre accusa l'ingiustizia degli dèi che hanno voluto che uccidesse la Chimera. «Da quel giorno» ripete, «che mi sono arrossato del sangue del mostro, non ho più avuto vita vera. Ho cercato nemici, domato le Amazzoni, fatto strage dei Sòlimi, ho regnato sui Lici e piantato un giardino – ma cos'è tutto questo? Dov'è un'altra Chimera? Dov'è la forza delle braccia che l'uccisero? Anche sìsifo e Glauco mio padre furon giovani e giusti – poi entrambi invecchiando, gli dèi li tradirono, li lasciarono imbestiarsi e morire. Chi una volta affrontò la Chimera, come può rassegnarsi a morire?» Questo dice tuo padre, che fu un giorno Bellerofonte.

IPPÒLOCO. – Da sìsifo, che incatenò il fanciullo Tànatos, a Glauco che nutriva i cavalli con uomini vivi, la nostra stirpe ne ha violati di confini. Ma questi son uomini antichi e di un tempo mostruoso. La Chimera fu l'ultimo mostro che videro. La nostra terra ora è giusta e pietosa.

SARPEDONTE. – Tu credi, Ippòloco? Credi che basti averla uccisa? Nostro padre – lo posso chiamare così – dovrebbe saperlo. Eppure è triste come un dio – come un dio derelitto e canuto, e attraversa campagne e paludi parlando a quei morti.

IPPÒLOCO. – Ma che cosa gli manca, che cosa?

SARPEDONTE. – Gli manca il braccio che l'ha uccisa. Gli manca l'orgoglio di Glauco e di sìsifo, proprio adesso che come i suoi padri è giunto al limite, alla fine. La loro audacia lo travaglia. Sa che mai più un'altra Chimera lo aspetterà in mezzo alle rupi. E chiama alla sfida gli dèi.

IPPÒLOCO. – Sono suo figlio, Sarpedonte, ma non capisco queste cose. Sulla terra ormai fatta pietosa si dovrebbe invecchiare tranquilli. In un giovane, quasi un ragazzo, come te Sarpedonte, capisco il tumulto del sangue. Ma solo in un giovane. Ma per cause onorate. E non mettersi contro gli dèi.

SARPEDONTE. – Ma lui sa cos'è un giovane e un vecchio. Ha veduto altri giorni. Ha veduto gli dèi, come noi ci vediamo. Narra cose terribili.

IPPÒLOCO. – Hai potuto ascoltarlo?

SARPEDONTE. – O Ippòloco, e chi non vorrebbe ascoltarlo? Bellerofonte ha visto cose che non accadono sovente.

IPPÒLOCO. – Lo so, Sarpedonte, lo so, ma quel mondo è passato. Quand'ero bambino, le narrava anche a me.

SARPEDONTE. – Solamente che allora non parlava coi morti. A quel tempo eran favole. Oggi invece i destini che tocca diventano il suo.

IPPÒLOCO. – E che cosa racconta?

SARPEDONTE. – Sono fatti che sai. Ma non sai la freddezza, lo sguardo smarrito, come di chi non è più nulla e sa ogni cosa. Sono storie di Lidia e di Frigia, storie vecchie, senza giustizia né pietà. Conosci quella del Sileno che un dio provocò alla sconfitta sul monte Celene, e poi uccise macellandolo, come il beccaio ammazza un capro? Dalla grotta ora sgorga un torrente come fosse il suo sangue. La storia della madre impietrata, fatta rupe che piange, perché piacque a una dea di ucciderle i figli a uno a uno, a frecciate? E la storia di Aracne, che per l'odio di Atena inorridì e divenne ragno? Sono cose che accaddero. Gli dèi le hanno fatte.

IPPÒLOCO. – E sta bene. Che importa? Non serve pensarci. Di quei destini non rimane nulla.

SARPEDONTE. – Rimane il torrente, la rupe, l'orrore. Rimangono i sogni. Bellerofonte non può fare un passo senza urtare un cadavere, un odio, una pozza di sangue, dei tempi che tutto accadeva e non erano sogni. Il suo braccio a quel tempo pesava nel mondo e uccideva.

IPPÒLOCO. – Anche lui fu crudele, dunque.

SARPEDONTE. – Era giusto e pietoso. Uccideva Chimere. E adesso che è vecchio e che è stanco, gli dèi l'abbandonano.

IPPÒLOCO. – Per questo corre le campagne?

SARPEDONTE. – È figliolo di Glauco e di sìsifo. Teme il capriccio e la ferocia degli dèi. Si sente imbestiare e non vuole morire. «Ragazzo» mi dice, «quest'è la beffa e il tradimento: prima ti tolgono ogni forza e poi si sdegnano se tu sarai meno che uomo. Se vuoi vivere, smetti di vivere...»

IPPÒLOCO. – E perché non si uccide, lui che sa queste cose?

SARPEDONTE. – Nessuno si uccide. La morte è destino. Non si può che augurarsela, Ippòloco.

I ciechi

Non c'è vicenda di Tebe in cui manchi il cieco indovino Tiresia. Poco dopo questo colloquio cominciarono le sventure di Edipo – vale a dire, gli si aprirono gli occhi, e lui stesso se li crepò dall'orrore.

(parlano Edipo e Tiresia)

EDIPO. – Vecchio Tiresia, devo credere a quel che si dice qui in Tebe, che ti hanno accecato gli dèi per loro invidia?

TIRESIA. – Se è vero che tutto ci viene da loro, devi crederci.

EDIPO. – Tu che dici?

TIRESIA. – Che degli dèi si parla troppo. Esser cieco non è una disgrazia diversa da esser vivo. Ho sempre visto le sventure toccare a suo tempo dove dovevano toccare.

EDIPO. – Ma allora gli dèi che ci fanno?

TIRESIA. – Il mondo è più vecchio di loro. Già riempiva lo spazio e sanguinava, godeva, era l'unico dio – quando il tempo non era ancor nato. Le cose stesse, regnavano allora. Accadevano cose – adesso attraverso gli dèi tutto è fatto parole, illusione, minaccia. Ma gli dèi posson dare fastidio, accostare o scostare le cose. Non toccarle, non mutarle. Sono venuti troppo tardi.

EDIPO. – Proprio tu, sacerdote, dici questo?

TIRESIA. – Se non sapessi almeno questo, non sarei sacerdote. Prendi un ragazzo che si bagna nell'Asopo. È un mattino d'estate. Il ragazzo esce dall'acqua, ci ritorna felice, si tuffa e rituffa. Gli prende male e annega. Che cosa c'entrano gli dèi? Dovrà attribuire agli dèi la sua fine, oppure il piacere goduto? Né l'uno né l'altro. È accaduto qualcosa – che non è bene né male, qualcosa che non ha nome – gli daranno poi un nome gli dèi.

EDIPO. – E dar il nome, spiegare le cose, ti par poco, Tiresia?

TIRESIA. – Tu sei giovane, Edipo, e come gli dèi che sono giovani rischiari tu stesso le cose e le chiami. Non sai ancora che sotto la terra c'è roccia e che il cielo più azzurro è il più vuoto. Per chi come me non ci vede, tutte le cose sono un urto, non altro.

EDIPO. – Ma sei pure vissuto praticando gli dèi. Le stagioni, i piaceri, le miserie umane ti hanno a lungo occupato. Si racconta di te più di una favola, come di un dio. E qualcuna così strana, così insolita, che dovrà pure avere un senso – magari quello delle nuvole nel cielo.

TIRESIA. – Sono molto vissuto. Sono vissuto tanto che ogni storia che ascolto mi pare la mia. Che senso dici delle nuvole nel cielo?

EDIPO. – Una presenza dentro il vuoto...

TIRESIA. – Ma qual'è questa favola che tu credi abbia un senso?

EDIPO. – Sei sempre stato quel che sei, vecchio Tiresia?

TIRESIA. – Ah ti afferro. La storia dei serpi. Quando fui donna per sette anni. Ebbene, che ci trovi in questa storia?

EDIPO. – A te è accaduto e tu lo sai. Ma senza un dio queste cose non accadono.

TIRESIA. – Tu credi? Tutto può accadere sulla terra. Non c'è nulla d'insolito. A quel tempo provavo disgusto delle cose del sesso – mi pareva che lo spirito, la santità, il mio carattere, ne fossero avviliti. Quando vidi i due serpi godersi e mordersi sul muschio, non potei trattenere il mio dispetto: li toccai col bastone. Poco dopo, ero donna – e per anni il mio orgoglio fu costretto a subire. Le cose del mondo sono roccia, Edipo.

EDIPO. – Ma è davvero così vile il sesso della donna?

TIRESIA. – Nient'affatto. Non ci sono cose vili se non per gli dèi. Ci sono fastidi, disgusti e illusioni che, toccando la roccia, dileguano. Qui la roccia fu la forza del sesso, la sua ubiquità e onnipresenza sotto tutte le forme e i mutamenti. Da uomo a donna, e viceversa (sett'anni dopo rividi i due serpi), quel che non volli consentire con lo spirito mi venne fatto per violenza o per libidine, e io, uomo sdegnoso o donna avvilita, mi scatenai come una donna e fui abbietto come un uomo, e seppi ogni cosa del sesso: giunsi al punto che uomo cercavo gli uomini e donna le donne.

EDIPO. – Vedi dunque che un dio ti ha insegnato qualcosa.

TIRESIA. – Non c'è dio sopra il sesso. È la roccia, ti dico. Molti dèi sono belve, ma il serpe è il più antico di tutti gli dèi. Quando si appiatta nella terra, ecco hai l'immagine del sesso. C'è in esso la vita e la morte. Quale dio può incarnare e comprendere tanto?

EDIPO. – Ma tu stesso. L'hai detto.

TIRESIA. – Tiresia è vecchio e non è un dio. Quand'era giovane, ignorava. Il sesso è ambiguo e sempre equivoco. È una metà che appare un tutto. L'uomo arriva a incarnarselo, a viverci dentro come il buon nuotatore nell'acqua, ma intanto è invecchiato, ha toccato la roccia. Alla fine un'idea, un'illusione gli resta: che l'altro sesso ne esca sazio. Ebbene, non crederci: io so che per tutti è una vana fatica.

EDIPO. – Ribattere a quanto tu dici non è facile. Non per nulla la tua storia comincia coi serpi. Ma comincia pure col disgusto, col fastidio del sesso. E che diresti a un uomo valido che ti giurasse d'ignorare il disgusto?

TIRESIA. – Che non è un uomo valido – è ancora un bambino.

EDIPO. – Anch'io, Tiresia, ho fatto incontri sulla strada di Tebe. E in uno di questi si è parlato dell'uomo – dall'infanzia alla morte – si è toccata la roccia anche noi. Da quel giorno fui marito e fui padre, e re di Tebe. Non c'è nulla d'ambiguo o di vano, per me, nei miei giorni.

TIRESIA. – Non sei il solo, Edipo, a creder questo. Ma la roccia non si tocca a parole. Che gli dèi ti proteggano. Anch'io ti parlo e sono vecchio. Soltanto il cieco sa la tenebra. Mi pare di vivere fuori del tempo, di esser sempre vissuto, e non credo più ai giorni. Anche in me c'è qualcosa che gode e che sanguina.

EDIPO. – Dicevi che questo qualcosa era un dio. Perché, buon Tiresia, non provi a pregarlo?

TIRESIA. – Tutti preghiamo qualche dio, ma quel che accade non ha nome. Il ragazzo annegato un mattino d'estate, cosa sa degli dèi? Che gli giova pregare? C'è un grosso serpe in ogni giorno della vita, e si appiatta e ci guarda. Ti sei mai chiesto, Edipo, perché gli infelici invecchiandosi accecano?

EDIPO. – Prego gli dèi che non mi accada.

Le cavalle

Di Ermete, dio ambiguo tra la vita e la morte, tra il sesso e lo spirito, fra i Titani e gli dèi dell'Olimpo, non è il caso di parlare. Ma che cosa signifìchi che il buon medico Asclepio esca da un mondo di divine metamorfosi bestiali, vale invece la pena di dirlo.

(parlano Ermete ctonio e il centauro Chirone)

ERMETE. – Il Dio ti chiede di allevare questo figlio, Chirone. Già sai della morte della bella Corònide. L'ha strappato il Dio dalle fiamme e dal grembo di lei con le mani immortali. Io fui chiamato presso il triste corpo umano che già ardeva – i capelli avvampavano come paglia di grano. Ma l'ombra nemmeno mi attese. Con un salto, dal rogo scomparve nell'Ade.

CHIRONE. – Tornò puledra nel trapasso?

ERMETE. – Così credo. Ma le fiamme e le vostre criniere si somigliano troppo. Non feci in tempo a sincerarmene. Dovetti afferrare il bambino per portarlo quassù.

CHIRONE. – Bimbetto, era meglio se restavi nel fuoco. Tu non hai nulla di tua madre se non la triste forma umana. Tu sei figliolo di una luce abbacinante ma crudele, e dovrai vivere in un mondo di ombra esangue e angosciosa, di carne corrotta, di sospiri e di febbri – tutto ti viene dal Radioso. La stessa luce che ti ha fatto frugherà il mondo, implacabile, e dappertutto ti mostrerà la tristezza, la piaga, la viltà delle cose. Su di te veglieranno i serpenti.

ERMETE. – Certo il mondo di ieri è scaduto se anche i serpenti son passati alla Luce. Ma, dimmi, tu sai perché è morta?

CHIRONE. – Enodio, mai più la vedremo balzare felice dal Dìdimo al Pelio fra i canneti e le rupi. Tanto ci basti. Le parole sono sangue.

ERMETE. – Chirone, puoi credermi quando ti dico che la piango come voi la piangete. Ma, ti giuro, non so perché il Dio l'abbia uccisa. Nella mia Làrissa si parla d'incontri bestiali nelle grotte e nei boschi...

CHIRONE. – Che vuol dire? Lo siamo bestiali. E proprio tu, Enodio, che a Làrissa eri coglia di toro, e all'inizio dei tempi ti sei congiunto nel fango della palude con tutto quanto di sanguigno e ancora informe c'era al mondo, proprio tu ti stupisci?

ERMETE. – È lontano quel tempo. Chirone, e adesso vivo sottoterra o sui crocicchi. Vi vedo a volte venir giù dalla montagna come macigni e saltare le pozze e le forre, e inseguirvi, chiamarvi, giocare. Capisco gli zoccoli, la vostra natura, ma non sempre voi siete così. Le tue braccia e il tuo petto di uomo, a dirne una, e il vostro grosso riso umano, e lei l'uccisa, e gli amori col Dio, le compagne che adesso la piangono – siete cose diverse. Anche tua madre, se non sbaglio, piacque a un dio.

CHIRONE. – Altri tempi davvero. Il vecchio dio per amarla si fece stallone. Sulla vetta del monte.

ERMETE. – Dunque, dimmi perché Corònide bella fu invece una donna e passeggiava nei vigneti e tanto giocò col Radioso che lui la uccise e bruciò il corpo?

CHIRONE. – Enodio, dalla tua Làrissa quante volte hai veduto dopo una notte di vento la montagna dell'Olimpo stagliare nel cielo?

ERMETE. – Non solo la vedo, ma a volte ci salgo.

CHIRONE. – Un tempo, anche noi si galoppava fin lassù di costa in costa.

ERMETE. – Ebbene, dovreste tornarci.

CHIRONE. – Amico, Corònide c'è tornata.

ERMETE. – Che vuoi dire con questo?

CHIRONE. – Voglio dire che quella è la morte. Là ci sono i padroni. Non più padroni come Crono il vecchio, o l'antico suo padre, o noi stessi nei giorni che ci accadeva di pensarci e la nostra allegria non sapeva più confini e balzavamo tra le cose come cose ch'eravamo. A quel tempo la bestia e il pantano eran terra d'incontro di uomini e dèi. La montagna il cavallo la pianta la nube il torrente – tutto eravamo sotto il sole. Chi poteva morire a quel tempo? Che cos'era bestiale se la bestia era in noi come il dio?

ERMETE. – Tu hai figliole, Chirone, e sono donne e son puledre a volontà. Perché ti lamenti? Qui avete il monte, avete il piano, e le stagioni. Non vi mancano neppure, per compiacervi, le dimore umane, capanne e villaggi, agli sbocchi delle vallate, e le stalle, i focolari, dove i tristi mortali favoleggiano di voi, pronti sempre a ospitarvi. Non ti pare che il mondo sia meglio tenuto dai nuovi padroni?

CHIRONE. – Tu sei dei loro e li difendi. Tu che un giorno eri coglia e furore, ora conduci le ombre esangui sottoterra. Cosa sono i mortali se non ombre anzitempo? Ma godo a pensare che la madre di questo bimbetto c'è saltata da sola: se non altro ha trovato se stessa morendo.

ERMETE. – Ora so perché è morta, lei che se ne andò alle pendici del monte e fu donna e amò il Dio col suo amore tanto che ne ebbe questo figlio. Tu dici che il Dio fu spietato. Ma puoi dire che lei, Corònide, abbia lasciato dietro a sé nel pantano la voglia bestiale, l'informe furore sanguigno che l'aveva generata?

CHIRONE. – Certo che no. E con questo?

ERMETE. – Gli dèi nuovi di Tessaglia che molto sorridono, soltanto di una cosa non possono ridere: credi a me che ho veduto il destino. Ogni volta che il caos trabocca alla luce, alla loro luce, devon trafiggere e distruggere e rifare. Per questo Corònide è morta.

CHIRONE. – Ma non potranno più rifarla. Dunque avevo ragione che l'Olimpo è la morte.

ERMETE. – Eppure, il Radioso l'amava. L'avrebbe pianta se non fosse stato un dio. Le ha strappato il bimbetto. Te l'affido con gioia. Sa che tu solo potrai farne un uomo vero.

CHIRONE. – Ti ho già detto la sorte che attende costui nelle case mortali. Sarà Asclepio, il signore dei corpi, un uomo-dio. Vivrà tra la carne corrotta e i sospiri. A lui guarderanno gli uomini per sfuggire il destino, per ritardare di una notte, di un istante, l'agonia. Passerà, questo bimbetto, tra la vita e la morte, come tu ch'eri coglia di toro e non sei più che il guidatore delle ombre. Questa la sorte che gli Olimpici faranno ai vivi, sulla terra.

ERMETE. – E non sarà meglio, ai mortali, finire così, che non l'antica dannazione d'incappare nella bestia o nell'albero, e diventare bue che mugge, serpente che striscia, sasso eterno, fontana che piange?

CHIRONE. – Fin che l'Olimpo sarà il cielo, certo. Ma queste cose passeranno.

Il fiore

Che a questo fatto dolce-atroce, il quale non riesce a disgustarci di un dio primaverile come Apolline il Chiaro, assistessero i leopardiani Eros e Tànatos, è di solare evidenza.

(parlano Eros e Tànatos)

EROS. – Te l'aspettavi questo fatto, Tànatos?

TÀNATOS. – Tutto mi aspetto, da un Olimpico. Ma che finisse in questo modo, no.

EROS. – Per fortuna, i mortali la chiameranno una disgrazia.

TÀNATOS. – Non è la prima, e non sarà l'ultima volta.

EROS. – E intanto Iacinto è morto. Le sorelle già lo piangono. L'inutile fiore spruzzato del suo sangue, costella ormai tutte le valli dell'Eurota. È primavera, Tànatos, e il ragazzo non la vedrà.

TÀNATOS. – Dov'è passato un immortale, sempre spuntano di questi fiori. Ma le altre volte, almeno, c'era una fuga, un pretesto, un'offesa. Riluttavano al dio, o commettevano empietà. Così accadde di Dafne, di Elino, di Atteone. Iacinto invece non fu che un ragazzo. Visse i suoi giorni venerando il suo signore. Giocò con lui come gioca il fanciullo. Era scosso e stupito. Tu, Eros, lo sai.

EROS. – Già i mortali si dicono che fu una disgrazia. Nessuno pensa che il Radioso non è uso fallire i suoi colpi.

TÀNATOS. – Ho assistito soltanto al sorriso aggrottato con cui seguì il volo del disco e lo vide cadere. Lo lanciò in alto nel senso del sole, e Iacinto levò gli occhi e le mani, e l'attese abbagliato. Gli piombò sulla fronte. Perché questo, Eros? Tu certo lo sai.

EROS. – Che devo dirti, Tànatos? Io non posso intenerirmi su un capriccio. E lo sai anche tu – quando un dio avvicina un mortale, segue sempre una cosa crudele. Tu stesso hai parlato di Dafne e Atteone.

TÀNATOS. – Che fu dunque, stavolta?

EROS. – Te l'ho detto, un capriccio. Il Radioso ha voluto giocare. È disceso tra gli uomini e ha visto Iacinto. Per sei giorni è vissuto in Amicle, sei giorni che a Iacinto cambiarono il cuore e rinnovarono la terra. Poi quando al signore venne voglia di andarsene, Iacinto lo guardava smarrito. Allora il disco gli piombò tra gli occhi...

TÀNATOS. – Chi sa... il Radioso non voleva che piangesse.

EROS. – No. Che cosa sia piangere il Radioso non sa. Lo sappiamo noialtri, dèi e demoni bambini, ch'eravamo già in vita quando l'Olimpo era soltanto un monte brullo. Abbiamo visto molte cose, abbiamo visto piangere anche gli alberi e le pietre. Il signore è diverso. Per lui sei giorni o un'esistenza non fa nulla. Nessuno seppe tutto ciò come Iacinto.

TÀNATOS. – Credi davvero che Iacinto abbia capito queste cose? Che il signore sia stato per lui altro che un modello, un compagno maggiore, un fratello fidato e venerato? Io l'ho veduto solamente quando tese le mani alla gara – non aveva sulla fronte che fiducia e stupore. Iacinto ignorava chi fosse il Radioso.

EROS. – Tutto può darsi, Tànatos. Può anche darsi che il ragazzo non sapesse di Elino e di Dafne. Dove finisca lo sgomento e incominci la fede, è difficile dire. Ma certo trascorse sei giorni di ansiosa passione.

TÀNATOS. – Secondo te, che cosa accadde nel suo cuore?

EROS. – Quel che accade a ogni giovane. Ma stavolta l'oggetto dei pensieri e degli atti per un ragazzo fu eccessivo. Nella palestra, nelle stanze, lungo le acque dell'Eurota, parlava con l'ospite, s'accompagnava a lui, lo ascoltava. Ascoltava le storie di Delo e di Delfi, il Tifone, la Tessaglia, il paese degli Iperborei. Il dio parlava sorridendo tranquillo, come fa il viandante che credevano morto e ritorna più esperto. Quel che è certo, il signore non disse mai del suo Olimpo, dei compagni immortali, delle cose divine. Parlò di sé, della sorella, delle Càriti, come si parla di una vita familiare – meravigliosa e familiare. Qualche volta ascoltarono insieme un poeta girovago, ospitato per la notte.

TÀNATOS. – Nulla di brutto in tutto questo.

EROS. – Nulla di brutto, e anzi parole di conforto. Iacinto imparò che il signore di Delo con quegli occhi indicibili e quella pacata parola aveva visto e trattato molte cose nel mondo che potevano anche a lui toccare un giorno. L'ospite discorreva anche di lui, della sua sorte. La vita spicciola di Amicle gli era chiara e familiare. Faceva progetti. Trattava Iacinto come un eguale e coetaneo, e i nomi di Aglaia, di Eurinòme, di Auxò – donne lontane e sorridenti, donne giovani, vissute con l'ospite in misteriosa intimità – venivano detti con noncuranza tranquilla, con un gusto indolente che a Iacinto faceva rabbrividire il cuore. Questo lo stato del ragazzo. Davanti al signore ogni cosa era agevole, chiara. A Iacinto pareva di potere ogni cosa.

TÀNATOS. – Ho conosciuto altri mortali. E più esperti, più saggi, più forti che Iacinto. Tutti distrusse questa smania di potere ogni cosa.

EROS. – Mio caro, in Iacinto non fu che speranza, una trepida speranza di somigliarsi all'ospite. Né il Radioso raccolse l'entusiasmo che leggeva in quegli occhi – gli bastò suscitarlo –, lui scorgeva già allora negli occhi e nei riccioli il bel fiore chiazzato ch'era la sorte di Iacinto. Non pensò né a parole né a lacrime. Era venuto per vedere un fiore. Questo fiore doveva esser degno di lui – meraviglioso e familiare, come il ricordo delle Càriti. E con calma indolenza creò questo fiore.

TÀNATOS. – Siamo cose feroci, noialtri immortali. Io mi chiedo fin dove gli Olimpici faranno il destino. Tutto osare può darsi distrugga anche loro.

EROS. – Chi può dirlo? Dai tempi del caos non si è visto che sangue. Sangue d'uomini, di mostri e di dèi. Si comincia e si muore nel sangue. Tu come credi di esser nato?

TÀNATOS. – Che per nascere occorra morire, lo sanno anche gli uomini. Non lo sanno gli Olimpici. Se lo sono scordato. Loro durano in un mondo che passa. Non esistono: sono. Ogni loro capriccio è una legge fatale. Per esprimere un fiore distruggono un uomo.

EROS. – sì, Tànatos. Ma non vogliamo tener conto dei ricchi pensieri che Iacinto incontrò? Quell'ansiosa speranza che fu il suo morire fu pure il suo nascere. Era un giovane inconscio, un poco assorto, annebbiato d'infanzia, il figliolo d'Amicle, re modesto di terra modesta – che cosa mai sarebbe stato senza l'ospite di Delo?

TÀNATOS. – Un uomo tra gli uomini, Eros.

EROS. – Lo so. E so pure che alla sorte non si sfugge. Ma non son uso intenerirmi su un capriccio. Iacinto ha vissuto sei giorni nell'ombra di una luce. Non gli mancò, della gioia perfetta, nemmeno la fine rapida e amara. Quella che Olimpici e immortali non conoscono. Che altro vorresti, Tànatos, per lui?

TÀNATOS. – Che il Radioso lo piangesse come noi.

EROS. – Tu chiedi troppo, Tànatos.

La belva

Noi siamo convinti che gli amori di Artemide con Endimione non furono cosa carnale. Ciò beninteso non esclude – tutt'altro – che il meno energico dei due anelasse a sparger sangue. Il carattere non dolce della dea vergine – signora delle belve, ed emersa nel mondo da una selva d'indescrivibili madri divine del mostruoso Mediterraneo – è noto. Altrettanto noto è che uno quando non dorme vorrebbe dormire e passa alla storia come l'eterno sognatore.

(parlano Endimione e uno straniero)

ENDIMIONE. – Ascolta, passante. Come a straniero posso dirti queste cose. Non spaventarti dei miei occhi di folle. Gli stracci che ti avvolgono i piedi sono brutti come i miei occhi, ma tu sembri un uomo valido che quando vorrà si fermerà nel paese che ha scelto, e qui avrà un riparo, un lavoro, una casa. Ma sono convinto che se adesso cammini è perché non hai nulla se non la tua sorte. E tu vai per le strade a quest'ora dell'alba – dunque ti piace essere sveglio tra le cose quando escono appena dal buio e nessuno le ha ancora toccate. Vedi quel monte? È il Latmo. Io l'ho salito tante volte nella notte, quand'era più nero, e ho atteso l'alba tra i suoi faggi. Eppure mi pare di non averlo toccato mai.

STRANIERO. – Chi può dire di aver mai toccato quello accanto a cui passa?

ENDIMIONE. – Penso a volte che noi siamo come il vento che trascorre impalpabile. O come i sogni di chi dorme. Tu ami, straniero, dormire di giorno?

STRANIERO. – Dormo comunque, quando ho sonno e casco.

ENDIMIONE. – E nel sonno ti accade – tu che vai per le strade – di ascoltar lo stormire del vento, e gli uccelli, gli stagni, il ronzìo, la voce dell'acqua? Non ti pare, dormendo, di non essere mai solo?

STRANIERO. – Amico, non saprei. Sono vissuto sempre solo.

ENDIMIONE. – O straniero, io non trovo più pace nel sonno. Credo di aver dormito sempre, eppure so che non è vero.

STRANIERO. – Tu mi sembri uomo fatto, e robusto.

ENDIMIONE. – Lo sono, straniero, lo sono. E so il sonno del vino, e quello pesante che si dorme al fianco di una donna, ma tutto questo non mi giova. Dal mio letto oramai tendo l'udito, e sto pronto a balzare, e ho questi occhi, questi occhi, come di chi fissa nel buio. Mi pare di esser sempre vissuto così.

STRANIERO. – Ti è mancato qualcuno?

ENDIMIONE. – Qualcuno? O straniero, tu lo credi che noi siamo mortali?

STRANIERO. – Qualcuno ti è morto?

ENDIMIONE. – Non qualcuno. Straniero, quando salgo sul Latmo io non sono più un mortale. Non guardare i miei occhi, non contano. So che non sogno, da tanto non dormo. Vedi le chiazze di quei faggi, sulla rupe? Questa notte ero là e l'ho aspettata.

STRANIERO. – Chi doveva venire?

ENDIMIONE. – Non diciamo il suo nome. Non diciamolo. Non ha nome. O ne ha molti, lo so. Compagno uomo, tu sai cos'è l'orrore del bosco quando vi si apre una radura notturna? O no. Quando ripensi nottetempo alla radura che hai veduto e traversato di giorno, e là c'è un fiore, una bacca che sai, che oscilla al vento, e questa bacca, questo fiore, è una cosa selvaggia, intoccabile, mortale, fra tutte le cose selvagge? Capisci questo? Un fiore che è come una belva? Compagno, hai mai guardato con spavento e con voglia la natura di una lupa, di una daina, di una serpe?

STRANIERO. – Intendi, il sesso della belva viva?

ENDIMIONE. – sì ma non basta. Hai mai conosciuto persona che fosse molte cose in una, le portasse con sé, che ogni suo gesto, ogni pensiero che tu fai di lei racchiudesse infinite cose della tua terra e del tuo cielo, e parole, ricordi, giorni andati che non saprai mai, giorni futuri, certezze, e un'altra terra e un altro cielo che non ti è dato possedere?

STRANIERO. – Ho sentito parlare di questo.

ENDIMIONE. – O straniero, e se questa persona è la belva, la cosa selvaggia, la natura intoccabile, che non ha nome?

STRANIERO. – Tu parli di cose terribili.

ENDIMIONE. – Ma non basta. Tu mi ascolti, com'è giusto. E se vai per le strade, sai che la terra è tutta piena di divino e di terribile. Se ti parlo è perché, come viandanti e sconosciuti, anche noi siamo un poco divini.

STRANIERO. – Certo, ho veduto molte cose. E qualcuna terribile. Ma non occorre andar lontano. Se può giovarti, ti dirò che gli immortali sanno la strada della cappa del camino.

ENDIMIONE. – Dunque, lo sai, e mi puoi credere. Io dormivo una sera sul Latmo – era notte – mi ero attardato nel vagabondare, e seduto dormivo, contro un tronco. Mi risvegliai sotto la luna – nel sogno ebbi un brivido al pensiero ch'ero là, nella radura – e la vidi. La vidi che mi guardava, con quegli occhi un poco obliqui, occhi fermi, trasparenti, grandi dentro. Io non lo seppi allora, non lo sapevo l'indomani, ma ero già cosa sua, preso nel cerchio dei suoi occhi, dello spazio che occupava, della radura, del monte. Mi salutò con un sorriso chiuso; io le dissi: «Signora»; e aggrottava le ciglia, come ragazza un po' selvatica, come avesse capito che mi stupivo, e quasi dentro sbigottivo, a chiamarla signora. Sempre rimase poi fra noi quello sgomento.

O straniero, lei mi disse il mio nome e mi venne vicino – la tunica non le dava al ginocchio – e stendendo la mano mi toccò sui capelli. Mi toccò quasi esitando, e le venne un sorriso, un sorriso incredibile, mortale. Io fui per cadere prosternato – pensai tutti i suoi nomi – ma lei mi trattenne come si trattiene un bimbo, la mano sotto il mento. Sono grande e robusto, mi vedi, lei era fiera e non aveva che quegli occhi – una magra ragazza selvatica – ma fui come un bimbo. «Tu non dovrai svegliarti mai», mi disse. «Non dovrai fare un gesto. Verrò ancora a trovarti». E se ne andò per la radura.

Percorsi il Latmo quella notte, fino all'alba. Seguii la luna in tutte le forre, nelle macchie, sulle vette. Tesi l'orecchio che ancora avevo pieno, come d'acqua marina, di quella voce un poco rauca, fredda, materna. Ogni brusío e ogni ombra mi arrestava. Delle creature selvagge intravvidi soltanto le fughe. Quando venne la luce – una luce un po' livida, coperta – guardai dall'alto la pianura, questa strada che facciamo, straniero, e capii che mai più sarei vissuto tra gli uomini. Non ero più uno di loro. Attendevo la notte.

STRANIERO. – Cose incredibili racconti, Endimione. Ma incredibili in questo che, poiché senza dubbio sei tornato sul monte, tu viva e cammini tuttora, e la selvaggia, la signora dai nomi, non ti abbia ancora fatto suo.

ENDIMIONE. – Io sono suo, straniero.

STRANIERO. – Voglio dire... Non conosci la storia del pastore lacerato dai cani, l'indiscreto, l'uomo-cervo...?

ENDIMIONE. – O straniero, io so tutto di lei. Perché abbiamo parlato, parlato, e io fingevo di dormire, sempre, tutte le notti, e non

toccavo la sua mano, come non si tocca la leonessa o l'acqua
verde dello stagno, o la cosa che è più nostra e portiamo nel
cuore. Ascolta. Mi sta innanzi – una magra ragazza, non sorride,
mi guarda. E gli occhi grandi, trasparenti, hanno visto altre cose.
Le vedono ancora. Sono loro queste cose. In questi occhi c'è la
bacca e la belva, c'è l'urlo, la morte, l'impetramento crudele. So
il sangue sparso, la carne dilaniata, la terra vorace, la solitudine.
Per lei, la selvaggia, è solitudine. Per lei la belva è solitudine. La
sua carezza è la carezza che si fa al cane o al tronco d'albero. Ma,
straniero, lei mi guarda, mi guarda, e nella tunica breve è una
magra ragazza, come tu forse ne hai vedute al tuo paese.

STRANIERO. – Della tua vita d'uomo, Endimione, non avete parlato?

ENDIMIONE. – Straniero, tu sai cose terribili, e non sai che il
selvaggio e il divino cancellano l'uomo?

STRANIERO. – Quando sali sul Latmo non sei più mortale, lo so. Ma
gli immortali sanno stare soli. E tu non vuoi la solitudine. Tu
cerchi il sesso delle bestie. Tu con lei fingi il sonno. Che cos'è
dunque che le hai chiesto?

ENDIMIONE. – Che sorridesse un'altra volta. E questa volta esserle
sangue sparso innanzi, essere carne nella bocca del suo cane.

STRANIERO. – E che ti ha detto?

ENDIMIONE. – Nulla dice. Mi guarda. Mi lascia solo, sotto l'alba. E la
cerco tra i faggi. La luce del giorno mi ferisce gli occhi. «Tu non
dovrai svegliarti mai», mi ha detto.

STRANIERO. – O mortale, quel giorno che sarai sveglio veramente, saprai perché ti ha risparmiato il suo sorriso.

ENDIMIONE. – Lo so fin d'ora, o straniero, o tu che parli come un dio.

STRANIERO. – Il divino e il terribile corron la terra, e noi andiamo sulle strade. L'hai detto tu stesso.

ENDIMIONE. – O dio viandante, la sua dolcezza è come l'alba, è terra e cielo rivelati. Ed è divina. Ma per altri, per le cose e le belve, lei la selvaggia ha un riso breve, un comando che annienta. E nessuno le ha mai toccato il ginocchio.

STRANIERO. – Endimione, rasségnati nel tuo cuore mortale. Né dio né uomo l'ha toccata. La sua voce ch'è rauca e materna è tutto quanto la selvaggia ti può dare.

ENDIMIONE. – Eppure.

STRANIERO. – Eppure?

ENDIMIONE. – Fin che quel monte esisterà non avrò più pace nel sonno.

STRANIERO. – Ciascuno ha il sonno che gli tocca, Endimione. E il tuo sonno è infinito di voci e di grida, e di terra, di cielo, di giorni. Dormilo con coraggio, non avete altro bene. La solitudine selvaggia è tua. Amala come lei l'ama. E adesso, Endimione, io ti lascio. La vedrai questa notte.

ENDIMIONE. – O dio viandante, ti ringrazio.

STRANIERO. – Addio. Ma non dovrai svegliarti più, ricorda.

Schiuma d'onda

Di Britomarti, ninfa cretese e minoica, ci parla Callimaco. Che Saffo fosse lesbica di Lesbo è un fatto spiacevole, ma noi riteniamo più triste il suo scontento della vita, per cui s'indusse a buttarsi in mare, nel mare di Grecia. Questo mare è pieno d'isole e sulla più orientale di tutte, Cipro, scese Afrodite nata dalle onde. Mare che vide molti amori e grosse sventure. È necessario fare i nomi di Ariadne, Fedra, Andromaca, Elle, Scilla, Io, Cassandra, Medea? Tutte lo traversarono, e più d'una ci rimase. Vien da pensare che sia tutto intriso di sperma e di lacrime.

(parlano Saffo e Britomarti)

SAFFO. – È monotono qui, Britomarti. Il mare è monotono. Tu che sei qui da tanto tempo, non t'annoi?

BRITOMARTI. – Preferivi quand'eri mortale, lo so. Diventare un po' d'onda che schiuma, non vi basta. Eppure cercate la morte, questa morte. Tu perché l'hai cercata?

SAFFO. – Non sapevo che fosse così. Credevo che tutto finisse con l'ultimo salto. Che il desiderio, l'inquietudine, il tumulto sarebbero spenti. Il mare inghiotte, il mare annienta, mi dicevo.

BRITOMARTI. – Tutto muore nel mare, e rivive. Ora lo sai.

SAFFO. – E tu perché hai cercato il mare, Britomarti – tu che eri ninfa?

BRITOMARTI. – Non l'ho cercato, il mare. Io vivevo sui monti. E fuggivo sotto la luna, inseguita da non so che mortale. Tu, Saffo, non conosci i nostri boschi, altissimi, a strapiombo sul mare. Spiccai il salto, per salvarmi.

SAFFO. – E perché poi, salvarti?

BRITOMARTI. – Per sfuggirgli, per essere io. Perché dovevo, Saffo.

SAFFO. – Dovevi? Tanto ti dispiaceva quel mortale?

BRITOMARTI. – Non so, non l'avevo veduto. Sapevo soltanto che dovevo fuggire.

SAFFO. – È possibile questo? Lasciare i giorni, la montagna, i prati – lasciar la terra e diventare schiuma d'onda – tutto perché dovevi? *Dovevi* che cosa? Non ne sentivi desiderî, non eri fatta anche di questo?

BRITOMARTI. – Non ti capisco, Saffo bella. I desiderî e l'inquietudine ti han fatta chi sei; poi ti lagni che anch'io sia fuggita.

SAFFO. – Tu non eri mortale e sapevi che a niente si sfugge.

BRITOMARTI. – Non ho fuggito i desiderî, Saffo. Quel che desidero ce l'ho. Prima ero ninfa delle rupi, ora del mare. Siamo fatte di questo. La nostra vita è foglia e tronco, polla d'acqua, schiuma d'onda. Noi giochiamo a sfiorare le cose, non fuggiamo.

Mutiamo. Questo è il nostro desiderio e il destino. Nostro solo terrore è che un uomo ci possegga, ci fermi. Allora sì che sarebbe la fine. Tu conosci Calipso?

SAFFO. – Ne ho sentito.

BRITOMARTI. – Calipso si è fatta fermare da un uomo. E più nulla le è valso. Per anni e anni non uscì più dalla sua grotta. Vennero tutte, Leucotea, Callianira, Cimodoce, Oritìa, venne Anfitrìte, e le parlarono, la presero con sé, la salvarono. Ma ci vollero anni, e che quell'uomo se ne andasse.

SAFFO. – Io capisco Calipso. Ma non capisco che vi abbia ascoltate. Che cos'è un desiderio che cede?

BRITOMARTI. – Oh Saffo, onda mortale, non saprai mai cos'è sorridere?

SAFFO. – Lo sapevo da viva. E ho cercato la morte.

BRITOMARTI. – Oh Saffo, non è questo il sorridere. Sorridere è vivere come un'onda o una foglia, accettando la sorte. È morire a una forma e rinascere a un'altra. È accettare, accettare, se stesse e il destino.

SAFFO. – Tu l'hai dunque accettato?

BRITOMARTI. – Sono fuggita, Saffo. Per noialtre è più facile.

SAFFO. — Anch'io, Britomarti, nei giorni, sapevo fuggire. E la mia fuga era guardare nelle cose e nel tumulto, e farne un canto, una parola. Ma il destino è ben altro.

BRITOMARTI. — Saffo, perché? Il destino è gioia, e quando tu cantavi il canto eri felice.

SAFFO. — Non sono mai stata felice, Britomarti. Il desiderio non è canto. Il desiderio schianta e brucia, come il serpe, come il vento.

BRITOMARTI. — Non hai mai conosciuto donne mortali che vivessero in pace nel desiderio e nel tumulto?

SAFFO. — Nessuna... forse sì... Non le mortali come Saffo. Tu eri ancora la ninfa dei monti, io non ero ancor nata. Una donna varcò questo mare, una mortale, che visse sempre nel tumulto – forse in pace. Una donna che uccise, distrusse, accecò, come una dea – sempre uguale a se stessa. Forse non ebbe da sorridere neppure. Era bella, non sciocca, e intorno a lei tutto moriva e combatteva. Britomarti, combattevano e morivano chiedendo solo che il suo nome fosse un istante unito al loro, desse il nome alla vita e alla morte di tutti. E sorridevano per lei... Tu la conosci – Elena Tindaride, la figlia di Leda.

BRITOMARTI. — E costei fu felice?

SAFFO. — Non fuggì, questo è certo. Bastava a se stessa. Non si chiese quale fosse il suo destino. Chi volle, e fu forte abbastanza, la prese con sé. Seguì a dieci anni un eroe, la ritolsero a lui, la sposarono a un altro, anche questo la perse, se la contesero oltremare in molti, la riprese il secondo, visse in pace con lui, fu sepolta, e nell'Ade conobbe altri ancora. Non mentì con nessuno, non sorrise a nessuno. Forse fu felice.

BRITOMARTI. – E tu invidi costei?

SAFFO. – Non invidio nessuno. Io ho voluto morire. Essere un'altra non mi basta. Se non posso esser Saffo, preferisco esser nulla.

BRITOMARTI. – Dunque accetti il destino?

SAFFO. – Non l'accetto. Lo sono. Nessuno l'accetta.

BRITOMARTI. – Tranne noi che sappiamo sorridere.

SAFFO. – Bella forza. È nel vostro destino. Ma che cosa significa?

BRITOMARTI. – Significa accettarsi e accettare.

SAFFO. – E che cosa vuol dire? Si può accettare che una forza ti rapisca e tu diventi desiderio, desiderio tremante che si dibatte intorno a un corpo, di compagno o compagna, come la schiuma tra gli scogli? E questo corpo ti respinge e t'infrange, e tu ricadi, e vorresti abbracciare lo scoglio, accettarlo. Altre volte sei scoglio tu stessa, e la schiuma – il tumulto – si dibatte ai tuoi piedi. Nessuno ha mai pace. Si può accettare tutto questo?

BRITOMARTI. – Bisogna accettarlo. Hai voluto sfuggire, e sei schiuma anche tu.

SAFFO. – Ma tu lo senti questo tedio, quest'inquietudine marina? Qui tutto macera e ribolle senza posa. Anche ciò che è morto si dibatte inquieto.

BRITOMARTI. – Dovresti conoscerlo il mare. Anche tu sei da un'isola...

SAFFO. – Oh Britomarti, fin da bimba mi atterriva. Questa vita incessante è monotona e triste. Non c'è parola che ne dica il tedio.

BRITOMARTI. – Un tempo, nella mia isola, vedevo arrivare e partire i mortali. C'erano donne come te, donna d'amore, Saffo. Non mi parvero mai tristi né stanche.

SAFFO. – Lo so, Britomarti, lo so. Ma le hai seguite sul loro cammino? Ci fu quella che in terra straniera s'impiccò con le sue mani alla trave di casa. E quella che si svegliò la mattina sopra uno scoglio, abbandonata. E poi le altre, tante altre, da tutte le isole, da tutte le terre, che discesero in mare e chi fu serva, chi straziata, chi uccise i suoi figli, chi stentò giorno e notte, chi non toccò più terraferma e divenne una cosa, una belva del mare.

BRITOMARTI. – Ma la Tindaride, tu hai detto, uscì illesa.

SAFFO. – Seminando l'incendio e la strage. Non sorrise a nessuno. Non mentì con nessuno. Ah, fu degna del mare. Britomarti, ricorda chi nacque quaggiù...

BRITOMARTI. – Chi vuoi dire?

SAFFO. — C'è ancora un'isola che non hai visto. Quando sorge il mattino, è la prima nel sole...

BRITOMARTI. — Oh Saffo.

SAFFO. — Là balzò dalla schiuma quella che non ha nome, l'inquieta angosciosa, che sorride da sola.

BRITOMARTI. — Ma lei non soffre. È una gran dea.

SAFFO. — E tutto quello che si macera e dibatte nel mare, è sua sostanza e suo respiro. Tu l'hai veduta, Britomarti?

BRITOMARTI. — Oh Saffo, non dirlo. Sono soltanto una piccola ninfa.

SAFFO. — Tu vedi, dunque...

BRITOMARTI. — Davanti a lei, tutte fuggiamo. Non parlarne, bambina.

La madre

La vita di Meleagro era legata a un tizzone che la madre Altea cavò dal fuoco quando le nacque il figlio. Madre imperiosa che, quando Meleagro ebbe ucciso lo zio che pretendeva la sua parte della pelle del cinghiale, in uno scatto d'ira ributtò il tizzone nel fuoco e lo lasciò incenerire.

(parlano Meleagro e Ermete)

MELEAGRO. – Sono bruciato come un tizzo, Ermete.

ERMETE. – Ma non avrai sofferto molto.

MELEAGRO. – Era peggio la pena, la passione di prima.

ERMETE. – E adesso ascolta, Meleagro. Tu sei morto. La fiamma, l'arsione sono cose passate. Tu sei meno del fumo che si è staccato da quel fuoco. Sei quasi il nulla. Rasségnati. E per te sono un nulla le cose del mondo, il mattino, la sera, i paesi. Guàrdati intorno adesso.

MELEAGRO. – Non vedo nulla. E non m'importa. Sono ancora una brace... Cos'hai detto dei paesi del mondo? O Ermete, come a dio che tu sei, certo il mondo è bello, e diverso, e sempre dolce. Hai i tuoi occhi, Ermete. Ma io Meleagro fui soltanto cacciatore e figlio di cacciatori, non uscii mai dalle mie selve, vissi davanti a un focolare, e quando nacqui il mio destino era già chiuso nel tizzone che mia madre rubò. Non conobbi che qualche compagno, le belve, e mia madre.

ERMETE. – Tu credi che l'uomo, qualunque uomo, abbia mai conosciuto altro?

MELEAGRO. – Non so. Ma ho sentito narrare di libere vite di là dai monti e dai fiumi, di traversate, di arcipelaghi, d'incontri con mostri e con dèi. Di uomini più forti anche di me, più giovani, segnàti da strani destini.

ERMETE. – Avevano tutti una madre, Meleagro. E fatiche da compiere. E una morte li attendeva, per la passione di qualcuno. Nessuno fu signore di sé né conobbe mai altro.

MELEAGRO. – Una madre... nessuno conosce la mia. Nessuno sa cosa significhi saper la propria vita in mano a lei e sentirsi bruciare, e quegli occhi che fissano il fuoco. Perché, il giorno che nacqui, strappò il tizzone dalla fiamma e non lasciò che incenerissi? E dovevo crescere, diventare quel Meleagro, piangere, giocare, andare a caccia, veder l'inverno, veder le stagioni, essere uomo – ma saper l'altra cosa, portare nel cuore quel peso, spiarle in viso la mia sorte quotidiana. Qui è la pena. Non è nulla un nemico.

ERMETE. – Siete stranezze, voi mortali. Vi stupite di ciò che sapete. Che un nemico non pesi, è evidente. Così come ognuno ha una madre. E perché dunque è inaccettabile saper la propria vita in mano a lei?

MELEAGRO. – Noi cacciatori, Ermete, abbiamo un patto. Quando saliamo la montagna ci aiutiamo a vicenda – ciascuno ha in pugno la vita dell'altro, ma non si tradisce il compagno.

ERMETE. – O sciocco, non si tradisce che il compagno... Ma non è questo. Sempre la vostra vita è nel tizzone, e la madre vi ha strappati dal fuoco, e voi vivete mezzo riarsi. E la passione che vi finisce è ancora quella della madre. Che altro siete se non carne e sangue suoi?

MELEAGRO. – Ermete, bisogna aver visto i suoi occhi. Bisogna averli visti dall'infanzia, e saputi familiari e sentiti fissi su ogni tuo passo e gesto, per giorni, per anni, e sapere che invecchiano, che muoiono, e soffrirci, farsene pena, temere di offenderli. Allora sì, è inaccettabile che fissino il fuoco vedendo il tizzone.

ERMETE. – Sai anche questo e ti stupisci, Meleagro? Ma che invecchino e muoiano vuol dire che tu intanto ti sei fatto uomo e sapendo di offenderli li vai cercando altrove vivi e veri. E se trovi questi occhi – si trovano sempre, Meleagro – chi li porta è di nuovo la madre. E tu allora non sai più con chi hai da fare e sei quasi contento, ma sta' certo che loro – la vecchia e le giovani – sanno. E nessuno può sfuggire al destino che l'ha segnato dalla nascita col fuoco.

MELEAGRO. – Qualche altro ha avuto il mio destino, Ermete?

ERMETE. – Tutti, Meleagro, tutti. Tutti attende una morte, per la passione di qualcuno. Nella carne e nel sangue di ognuno rugge la madre. Vero è che molti sono vili, più di te.

MELEAGRO. – Non ero vile, Ermete.

ERMETE. – Ti parlo come a ombra, non come a mortale. Fin che l'uomo non sa, è coraggioso.

MELEAGRO. – Non sono vile, se mi guardo intorno. So tante cose adesso. Ma non credo che anche lei – la giovane – sapesse quegli occhi.

ERMETE. – Non li sapeva. *Era* quegli occhi.

MELEAGRO. – O Atalanta, io mi domando se anche tu sarai madre, e capace di guardare nel fuoco.

ERMETE. – Vedi se ti ricordi le parole che disse, la sera che scannaste il cinghiale.

MELEAGRO. – Quella sera. La sera del patto. Non la dimentico, Ermete. Atalanta era piena di furia perché avevo lasciato sfuggire la belva nella neve. Mi menò un colpo con la scure e mi prese alla spalla. Io da quel colpo mi sentii toccare appena, ma le urlai più furente di lei: «Ritorna a casa. Ritorna con le donne, Atalanta. Qui non è luogo da capricci di ragazze». E la sera, quando il cinghiale fu morto, Atalanta camminò con me in mezzo ai compagni e mi diede la scure ch'era tornata a cercare da sola sul nevaio. Facemmo il patto, quella sera, che, andando a caccia, uno dei due sarebbe a turno stato disarmato, perché l'altro non fosse tentato dall'ira.

ERMETE. – E che cosa ti disse Atalanta?

MELEAGRO. – Non l'ho scordato, Ermete. «O figlio di Altea» disse, «la pelle del cinghiale starà sul nostro letto di nozze. Sarà come il prezzo del tuo sangue – e del mio». E sorrise, così per farsi perdonare.

ERMETE. – Nessun mortale, Meleagro, riesce a pensare sua madre ragazza. Ma non ti pare che chi dice queste cose sarà capace di guardare il fuoco? Anche la vecchia Altea ti uccise per un prezzo del sangue.

MELEAGRO. – O Ermete, tutto ciò è il mio destino. Ma son pure esistiti mortali che vissero a sazietà senza che nessuno avesse in pugno i loro giorni...

ERMETE. – Tu ne conosci, Meleagro? Sarebbero dèi. Qualche vile è riuscito a nascondere il capo, ma anche lui portava sangue di madre, e allora l'odio, la passione, la furia son divampati nel suo cuore solo. In qualche sera della vita anche lui si è sentito riardere. Non tutti – è vero – siete morti di questo. Tutti, quando sapete, conducete una vita di morti. Credimi, Meleagro, tu hai avuto fortuna.

MELEAGRO. – Ma nemmeno vedere i miei figli... non conoscere quasi il mio letto...

ERMETE. – Hai avuto fortuna. I tuoi figli non nasceranno. Il tuo letto è deserto. I tuoi compagni vanno a caccia come quando non c'eri. Tu sei un'ombra e il nulla.

MELEAGRO. – E Atalanta, Atalanta?

ERMETE. – La casa è vuota come quando annottava e tardavate a ritornare dalla caccia. Atalanta, che ti ha istigato a vendicarti, non è morta. Le due donne convivono senza parole, guardando il focolare, dov'è stramazzato il fratello di tua madre e dove tu sei fatto cenere. Forse non si odiano nemmeno. Si conoscono troppo. Senza l'uomo le donne son nulla.

MELEAGRO. – Ma allora perché ci hanno ucciso?

ERMETE. – Chiedi perché vi han fatto, Meleagro.

I due

Superfluo rifare Omero. Noi abbiamo voluto semplicemente riferire un colloquio che ebbe luogo la vigilia della morte di Patroclo.

(parlano Achille e Patroclo)

ACHILLE. – Patroclo, perché noi uomini diciamo sempre per farci coraggio: «Ne ho viste di peggio» quando dovremmo dire: «Il peggio verrà. Verrà un giorno che saremo cadaveri»?

PATROCLO. – Achille, non ti conosco più.

ACHILLE. – Ma io sì ti conosco. Non basta un po' di vino per uccidere Patroclo. Stasera so che dopotutto non c'è differenza tra noialtri e gli uomini vili. Per tutti c'è un peggio. E questo peggio vien per ultimo, viene dopo ogni cosa, e ti tappa la bocca come un pugno di terra. È sempre bello ricordarsi: «Ho visto questo, ho patito quest'altro» – ma non è iniquo che proprio la cosa più dura non la potremo ricordare?

PATROCLO. – Almeno, uno di noi la potrà ricordare per l'altro. Speriamolo. Così giocheremo il destino.

ACHILLE. – Per questo, la notte, si beve. Hai mai pensato che un bambino non beve, perché per lui non esiste la morte? Tu, Patroclo, hai bevuto da ragazzo?

PATROCLO. – Non ho mai fatto nulla che non fosse con te e come te.

ACHILLE. – Voglio dire, quando stavamo sempre insieme e giocavamo e cacciavamo, e la giornata era breve ma gli anni non passavano mai, tu sapevi cos'era la morte, la tua morte? Perché da ragazzi si uccide, ma non si sa cos'è la morte. Poi viene il giorno che d'un tratto si capisce, si è dentro la morte, e da allora si è uomini fatti. Si combatte e si gioca, si beve, si passa la notte impazienti. Ma hai mai veduto un ragazzo ubriaco?

PATROCLO. – Mi chiedo quando fu la prima volta. Non lo so. Non ricordo. Mi pare di aver sempre bevuto, e ignorato la morte.

ACHILLE. – Tu sei come un ragazzo, Patroclo.

PATROCLO. – Chiedilo ai tuoi nemici, Achille.

ACHILLE. – Lo farò. Ma la morte per te non esiste. E non è buon guerriero chi non teme la morte.

PATROCLO. – Pure bevo con te, questa notte.

ACHILLE. – E non hai ricordi, Patroclo? Non dici mai: «Quest'ho fatto. Quest'ho veduto» chiedendoti che cos'hai fatto veramente, che cos'è stata la tua vita, cos'è che hai lasciato di te sulla terra e nel mare? A che serve passare dei giorni se non si ricordano?

PATROCLO. – Quand'eravamo due ragazzi, Achille, niente ricordavamo. Ci bastava essere insieme tutto il tempo.

ACHILLE. – Io mi chiedo se ancora qualcuno in Tessaglia si ricorda d'allora. E quando da questa guerra torneranno i compagni laggiù, chi passerà su quelle strade, chi saprà che una volta ci fummo anche noi – ed eravamo due ragazzi come adesso ce n'è certo degli altri. Lo sapranno i ragazzi che crescono adesso, che cosa li attende?

PATROCLO. – Non ci si pensa, da ragazzi.

ACHILLE. – Ci sono giorni che dovranno ancora nascere e noi non vedremo.

PATROCLO. – Non ne abbiamo veduti già molti?

ACHILLE. – No, Patroclo, non molti. Verrà il giorno che saremo cadaveri. Che avremo tappata la bocca con un pugno di terra. E nemmeno sapremo quel che abbiamo veduto.

PATROCLO. – Non serve pensarci.

ACHILLE. – Non si può non pensarci. Da ragazzi si è come immortali, si guarda e si ride. Non si sa quello che costa. Non si sa la fatica e il rimpianto. Si combatte per gioco e ci si butta a terra morti. Poi si ride e si torna a giocare.

PATROCLO. – Noi abbiamo altri giochi. Il letto e il bottino. I nemici. E questo bere di stanotte. Achille, quando torneremo in campo?

ACHILLE. – Torneremo, sta' certo. Un destino ci aspetta. Quando vedrai le navi in fiamme, sarà l'ora.

PATROCLO. – A questo punto?

ACHILLE. – Perché? ti spaventa? Non ne hai viste di peggio?

PATROCLO. – Mi mette la smania. Siamo qui per finirla. Magari domani.

ACHILLE. – Non aver fretta, Patroclo. Lascia dire «domani» agli dèi. Solamente per loro quel che è stato sarà.

PATROCLO. – Ma vederne di peggio dipende da noi. Fino all'ultimo. Bevi, Achille. Alla lancia e allo scudo. Quel che è stato sarà ancora. Torneremo a rischiare.

ACHILLE. – Bevo ai mortali e agli immortali, Patroclo. A mio padre e a mia madre. A quel che è stato, nel ricordo. E a noi due.

PATROCLO. – Tante cose ricordi?

ACHILLE. – Non più che una donnetta o un pezzente. Anche loro son stati ragazzi.

PATROCLO. – Tu sei ricco, Achille, e per te la ricchezza è uno straccio che si butta. Tu solo puoi dire di esser come un pezzente. Tu che hai preso d'assalto lo scoglio del Ténedo, tu che hai spezzato la cintura dell'amazzone, e lottato con gli orsi sulla montagna. Quale altro bimbo la madre ha temprato nel fuoco come te? Tu sei spada e sei lancia, Achille.

ACHILLE. – Tranne nel fuoco, tu sei stato con me sempre.

PATROCLO. – Come l'ombra accompagna la nube. Come Teseo con Piritoo. Forse un giorno ti aspetta, Achille, che anche tu verrai nell'Ade a liberarmi. E vedremo anche questa.

ACHILLE. – Meglio quel tempo che non c'era l'Ade. Allora andavamo tra boschi e torrenti e, lavato il sudore, eravamo ragazzi. Allora ogni gesto, ogni cenno era un gioco. Eravamo ricordo e nessuno sapeva. Avevamo del coraggio? Non so. Non importa. So che sul monte del centauro era l'estate, era l'inverno, era tutta la vita. Eravamo immortali.

PATROCLO. – Ma poi venne il peggio. Venne il rischio e la morte. E allora noi fummo guerrieri.

ACHILLE. – Non si sfugge alla sorte. E non vidi mio figlio. Anche Deidamia è morta. Oh perché non rimasi sull'isola in mezzo alle donne?

PATROCLO. – Avresti poveri ricordi, Achille. Saresti un ragazzo. Meglio soffrire che non essere esistito.

ACHILLE. – Ma chi ti dice che la vita fosse questa?... Oh Patroclo, è questa. Dovevamo vedere il peggio.

PATROCLO. – Io domani esco in campo. Con te.

ACHILLE. – Non è ancora il mio giorno.

PATROCLO. – E allora andrò solo. E per farti vergogna prenderò la tua lancia.

ACHILLE. – Io non ero ancor nato, che abbatterono il frassino. Vorrei vedere la radura che ne resta.

PATROCLO. – Scendi in campo e la vedrai degna di te. Tanti nemici, tanti ceppi.

ACHILLE. – Le navi non ardono ancora.

PATROCLO. – Prenderò i tuoi schinieri e il tuo scudo. Sarai tu nel mio braccio. Nulla potrà sfiorarmi. Mi parrà di giocare.

ACHILLE. – Sei davvero il bambino che beve.

PATROCLO. – Quando correvi col centauro, Achille, non pensavi ai ricordi. E non eri più immortale che stanotte.

ACHILLE. – Solamente gli dèi sanno il destino e vivono. Ma tu giochi al destino.

PATROCLO. – Bevi ancora con me. Poi domani, magari nell'Ade, diremo anche questa.

La strada

Tutti sanno che Edipo, vinta la sfinge e sposata Iocasta, scoperse chi era interrogando il pastore che l'aveva salvato sul Citerone. E allora l'oracolo che avrebbe ucciso il padre e sposata la madre fu vero, e Edipo si accecò dall'orrore e uscì di Tebe e morì vagabondo.

(parlano Edipo e un mendicante)

EDIPO. – Non sono un uomo come gli altri, amico. Io sono stato condannato dalla sorte. Ero nato per regnare tra voi. Sono cresciuto sulle montagne. Vedere una montagna o una torre mi rimescolava – o una città in distanza, camminando nella polvere. E non sapevo di cercare la mia sorte. Adesso non vedo più nulla e le montagne son soltanto fatica. Ogni cosa che faccio è destino. Capisci?

MENDICANTE. – Io sono vecchio, Edipo, e non ho visto che destini. Ma credi che gli altri – anche i servi, anche i gobbi o gli storpi – non amerebbero esser stati re di Tebe come te?

EDIPO. – Capiscimi, amico. Il mio destino non è stato di aver perso qualcosa. Né gli anni né gli acciacchi mi spaventano. Vorrei cadere anche più in basso, vorrei perdere tutto – è la sorte comune. Ma non essere Edipo, non essere l'uomo che senza saperlo doveva regnare.

MENDICANTE. – Non capisco. Ringrazia che sei stato signore e hai mangiato, hai bevuto, hai dormito dentro un letto. Chi è morto sta peggio.

EDIPO. – Non è questo, ti dico. Mi duole di prima, di quando non ero ancora nulla e avrei potuto essere un uomo come gli altri. E invece no, c'era il destino. Dovevo andare e capitare proprio a Tebe. Dovevo uccidere quel vecchio. Generare quei figli. Val la pena di fare una cosa ch'era già come fatta quando ancora non c'eri?

MENDICANTE. – Vale la pena, Edipo. A noi tocca e ci basta. Lascia il resto agli dèi.

EDIPO. – Non ci son dèi nella mia vita. Quel che mi tocca è più crudele degli dèi. Cercavo, ignaro come tutti, di far bene, di trovare nei giorni un bene ignoto che mi desse la sera un sollievo, la speranza che domani avrei fatto di più. Nemmeno all'empio manca questa contentezza. M'accompagnavano sospetti, voci vaghe, minacce. Da principio era solo un oracolo, una trista parola, e sperai di scampare. Vissi tutti quegli anni come il fuggiasco si guarda alle spalle. Osai credere soltanto ai miei pensieri, agli istanti di tregua, ai risvegli improvvisi. Stetti sempre all'agguato. E non scampai. Proprio in quegli attimi il destino si compiva.

MENDICANTE. – Ma, Edipo, per tutti è così. Vuol dir questo un destino. Certo i tuoi casi sono stati atroci.

EDIPO. – No, non capisci, non capisci, non è questo. Vorrei che fossero più atroci ancora. Vorrei essere l'uomo più sozzo e più vile purché quello che ho fatto l'avessi voluto. Non subìto così. Non compiuto volendo far altro. Che cosa è ancora Edipo, che cosa siamo tutti quanti, se fin la voglia più segreta del tuo sangue è già esistita prima ancora che nascessi e tutto quanto era già detto?

MENDICANTE. – Forse, Edipo, qualche giorno di contento c'è stato anche per te. E non dico quando hai vinto la Sfinge e tutta Tebe ti acclamava, o ti è nato il tuo primo figliolo, e sedevi in palazzo ascoltando il consiglio. A queste cose non puoi più pensare, va bene. Ma hai pure vissuto la vita di tutti; sei stato giovane e hai veduto il mondo, hai riso e giocato e parlato, non senza saggezza; hai goduto delle cose, il risveglio e il riposo, e battuto le strade. Ora sei cieco, va bene. Ma hai veduto altri giorni.

EDIPO. – Sarei folle, a negarlo. E la mia vita è stata lunga. Ma di nuovo ti dico: ero nato per regnare tra voi. A chi ha la febbre le frutta più buone dànno soltanto smanie e nausea. E la mia febbre è il mio destino – il timore, l'orrore perenne di compiere proprio la cosa saputa. Io sapevo – ho saputo sempre – di agire come lo scoiattolo che crede d'inerpicarsi e fa soltanto ruotare la gabbia. E mi domando: chi fu Edipo?

MENDICANTE. – Un grande un vero signore, puoi dirlo. Io sentivo parlare di te, sulle strade e alle porte di Tebe. Ci fu qualcuno che lasciò la casa e girò la Beozia e vide il mare, e per avere la tua sorte andò a Delfi a tentare l'oracolo. Vedi che il tuo destino fu tanto insolito da mutare l'altrui. Che dovrà dire invece un uomo sempre vissuto in un villaggio, in un mestiere, che fa ogni giorno un solo gesto, e ha i soliti figli, le solite feste, e muore all'età di suo padre del solito male?

EDIPO. – Non sono un uomo come gli altri, lo so. Ma so che anche il servo o l'idiota se conoscesse i suoi giorni, schiferebbe anche quel povero piacere che ci trova. I disgraziati che han cercato il mio destino, sono forse scampati al proprio?

MENDICANTE. – La vita è grande, Edipo. Io, che ti parlo, sono stato di costoro. Ho lasciato la casa e percorso la Grecia. Ho visto Delfi e sono giunto al mare. Speravo l'incontro, la fortuna, la Sfinge. Ti sapevo felice nella reggia di Tebe. Ero un uomo robusto, allora. E se anche non ho trovato la Sfinge, e nessun oracolo ha parlato per me, mi è piaciuta la vita che ho fatto. Tu sei stato il mio oracolo. Tu hai rovesciato il mio destino. Mendicare o regnare, che importa? Abbiamo entrambi vissuto. Lascia il resto agli dèi.

EDIPO. – Non saprai mai se ciò che hai fatto l'hai voluto... Ma certo la libera strada ha qualcosa di umano, di unicamente umano. Nella sua solitudine tortuosa è come l'immagine di quel dolore che ci scava. Un dolore che è come un sollievo, come una pioggia dopo l'afa – silenzioso e tranquillo, pare che sgorghi dalle cose, dal fondo del cuore. Questa stanchezza e questa pace, dopo i clamori del destino, son forse l'unica cosa che è nostra davvero.

MENDICANTE. – Un giorno non c'eravamo, Edipo. Dunque anche le voglie del cuore, anche il sangue, anche i risvegli sono usciti dal nulla. Sto per dire che anche il tuo desiderio di scampare al destino, è destino esso stesso. Non siamo noi che abbiamo fatto il nostro sangue. Tant'è saperlo e viver franchi, secondo l'oracolo.

EDIPO. – Fin che si cerca, amico, allora sì. Tu hai avuto fortuna a non giungere mai. Ma viene il giorno che ritorni al Citerone e tu più non ci pensi, la montagna è per te un'altra infanzia, la vedi ogni giorno e magari ci sali. Poi qualcuno ti dice che sei nato lassù. E tutto crolla.

MENDICANTE. – Ti capisco, Edipo. Ma abbiamo tutti una montagna dell'infanzia. E per lontano che si vagabondi, ci si ritrova sul suo sentiero. Là fummo fatti quel che siamo.

EDIPO. – Altro è parlare, altro soffrire, amico. Ma certo parlando, qualcosa si placa nel cuore. Parlare è un poco come andare per le strade giorno e notte a modo nostro senza mèta, non come i giovani che cercano fortuna. E tu hai molto parlato, e visto molto. Davvero volevi regnare?

MENDICANTE. – Chi lo sa? Quel che è certo, dovevo cambiare. Si cerca una cosa e si trova tutt'altro. Anche questo è destino. Ma parlare ci aiuta a ritrovare noi stessi.

EDIPO. – E hai famiglia? hai qualcuno? Non credo.

MENDICANTE. – Non sarei quel che sono.

EDIPO. – Strana cosa che per capire il prossimo ci tocchi fuggirlo. E i discorsi più veri sono quelli che facciamo per caso, tra sconosciuti. Oh così dovevo vivere, io Edipo, lungo le strade della Fòcide e dell'Istmo, quando avevo i miei occhi. E non salire le montagne, non dar retta agli oracoli...

MENDICANTE. – Tu dimentichi almeno un discorso di quelli che hai fatto.

EDIPO. – Quale, amico?

MENDICANTE. – Quello al crocicchio della Sfinge.

La rupe

Nella storia del mondo l'èra detta titanica fu popolata di uomini, di mostri, e di dèi non ancora organizzati in Olimpo. Qualcuno anzi pensa che non ci fossero che mostri – vale a dire intelligenze chiuse in un corpo deforme e bestiale. Di qui il sospetto che molti degli uccisori di mostri – Eracle in testa – versassero sangue fraterno.

(parlano Eracle e Prometeo)

ERACLE. – Prometeo, sono venuto a liberarti.

PROMETEO. – Lo so e ti aspettavo. Devo ringraziarti, Eracle. Hai percorso una strada terribile, per salire fin qua. Ma tu non sai cos'è paura.

ERACLE. – Il tuo stato è più terribile, Prometeo.

PROMETEO. – Veramente tu non sai cos'è paura? Non credo.

ERACLE. – Se paura è non fare quel che debbo, allora io non l'ho mai provata. Ma sono un uomo, Prometeo, non sempre so quello che debbo fare.

PROMETEO. – Pietà e paura sono l'uomo. Non c'è altro.

ERACLE. – Prometeo, tu mi trattieni a discorrere, e ogni istante che passa il tuo supplizio continua. Sono venuto a liberarti.

PROMETEO. – Lo so, Eracle. Lo sapevo già quand'eri solo un bimbo in fasce, quando non eri ancora nato. Ma mi succede come a un uomo che abbia molto patito in un luogo – nel carcere, in esilio, in un pericolo – e quando viene il momento d'uscirne non sa risolversi a passare quell'istante, a mettersi dietro le spalle la vita sofferta.

ERACLE. – Non vuoi lasciare la tua rupe?

PROMETEO. – Devo lasciarla, Eracle – ti dico che ti aspettavo. Ma, come a uomo, l'istante mi pesa. Tu sai che qui si soffre molto.

ERACLE. – Basta guardarti, Prometeo.

PROMETEO. – Si soffre al punto che si vuol morire. Un giorno anche tu saprai questo, e salirai sopra una rupe. Ma io, Eracle, morire non posso. Nemmeno tu, del resto, morirai.

ERACLE. – Che dici?

PROMETEO. – Ti rapirà un dio. Anzi una dea.

ERACLE. – Non so, Prometeo. Lascia dunque che ti sleghi.

PROMETEO. – E tu sarai come un bambino, pieno di calda gratitudine, e scorderai le iniquità e le fatiche, e vivrai sotto il cielo, lodando gli dèi, la loro sapienza e bontà.

ERACLE. – Non ci viene ogni cosa da loro?

PROMETEO. – O Eracle, c'è una sapienza più antica. Il mondo è vecchio, più di questa rupe. E anche loro lo sanno. Ogni cosa ha un destino. Ma gli dèi sono giovani, giovani quasi come te.

ERACLE. – Non eri uno di loro anche tu?

PROMETEO. – Lo sarò ancora. Così vuole il destino. Ma un tempo ero un titano e vissi in un mondo senza dèi. Anche questo è accaduto... Non puoi pensarlo un mondo simile?

ERACLE. – Non è il mondo dei mostri e del caos?

PROMETEO. – Dei titani e degli uomini, Eracle. Delle belve e dei boschi. Del mare e del cielo. È il mondo di lotta e di sangue, che ti ha fatto chi sei. Fin l'ultimo dio, il più iniquo, era allora un titano. Non c'è cosa che valga, nel mondo presente o futuro, che non fosse titanica.

ERACLE. – Era un mondo di rupi.

PROMETEO. – Tutti avete una rupe, voi uomini. Per questo vi amavo. Ma gli dèi sono quelli che non sanno la rupe. Non sanno ridere né piangere. Sorridono davanti al destino.

ERACLE. – Sono loro che ti hanno inchiodato.

PROMETEO. – Oh Eracle, il vittorioso è sempre un dio. Fin che l'uomo-titano combatte e tien duro, può ridere e piangere. E se t'inchiodano, se sali sul monte, quest'è la vittoria che il destino ti consente. Dobbiamo esserne grati. Che cos'è una vittoria se non pietà che si fa gesto, che salva gli altri a spese sue? Ciascuno lavora per gli altri, sotto la legge del destino. Io stesso, Eracle, se oggi vengo liberato, lo devo a qualcuno.

ERACLE. – Ne ho vedute di peggio, e non ti ho ancora liberato.

PROMETEO. – Eracle, non parlo di te. Tu sei pietoso e coraggioso. Ma la tua parte l'hai già fatta.

ERACLE. – Nulla ho fatto, Prometeo.

PROMETEO. – Non saresti un mortale, se sapessi il destino. Ma tu vivi in un mondo di dèi. E gli dèi vi hanno tolto anche questo. Non sai nulla e hai già fatto ogni cosa. Ricorda il centauro.

ERACLE. – L'uomo-belva che ho ucciso stamane?

PROMETEO. – Non si uccidono, i mostri. Non lo possono nemmeno gli dèi. Giorno verrà che crederai di avere ucciso un altro mostro, e più bestiale, e avrai soltanto preparato la tua rupe. Sai chi hai colpito stamattina?

ERACLE. – Il centauro.

PROMETEO. – Hai colpito Chirone, il pietoso, il buon amico dei titani e dei mortali.

ERACLE. – Oh Prometeo...

PROMETEO. – Non dolertene, Eracle. Siamo tutti consorti. È la legge del mondo che nessuno si liberi se per lui non si versa del sangue. Anche per te avverrà lo stesso, sull'Oeta. E Chirone sapeva.

ERACLE. – Vuoi dire che si è offerto?

PROMETEO. – Certamente. Come un tempo io sapevo che il furto del fuoco sarebbe stato la mia rupe.

ERACLE. – Prometeo, lascia che ti sciolga. Poi dimmi tutto, di Chirone e dell'Oeta.

PROMETEO. – Sono già sciolto, Eracle. Io potevo esser sciolto soltanto se un altro prendeva il mio posto. E Chirone si è fatto trafiggere da te, che la sorte mandava. Ma in questo mondo che è nato dal caos, regna una legge di giustizia. La pietà, la paura e il coraggio sono solo strumenti. Nulla si fa che non ritorni. Il sangue che tu hai sparso e spargerai, ti spingerà sul monte Oeta a morir la tua morte. Sarà il sangue dei mostri che tu vivi a distruggere. E salirai su un rogo, fatto del fuoco che io ho rubato.

ERACLE. – Ma non posso morire, mi hai detto.

PROMETEO. – La morte è entrata in questo mondo con gli dèi. Voi mortali temete la morte perché, in quanto dèi, li sapete immortali. Ma ciascuno ha la morte che si merita. Finiranno anche loro.

ERACLE. – Come dici?

PROMETEO. – Tutto non si può dire. Ma ricòrdati sempre che i mostri non muoiono. Quello che muore è la paura che t'incutono. Così è degli dèi. Quando i mortali non ne avranno più paura, gli dèi spariranno.

ERACLE. – Torneranno i titani?

PROMETEO. – Non ritorneranno i sassi e le selve. Ci sono. Quel che è stato sarà.

ERACLE. – Ma foste pure incatenati. Anche tu.

PROMETEO. – Siamo un nome, non altro. Capiscimi, Eracle. E il mondo ha stagioni come i campi e la terra. Ritorna l'inverno, ritorna l'estate. Chi può dire che la selva perisca? o che duri la stessa? Voi sarete i titani, fra poco.

ERACLE. – Noi mortali?

PROMETEO. – Voi mortali – o immortali, non conta.

L'inconsolabile

Il sesso, l'ebbrezza e il sangue richiamarono sempre il mondo sotterraneo e promisero a più d'uno beatitudini ctonie. Ma il tracio Orfeo, cantore, viandante nell'Ade e vittima lacerata come lo stesso Dioniso, valse di più.

(parlano Orfeo e Bacca)

ORFEO. – È andata così. Salivamo il sentiero tra il bosco delle ombre. Erano già lontani Cocito, lo Stige, la barca, i lamenti. S'intravvedeva sulle foglie il barlume del cielo. Mi sentivo alle spalle il fruscìo del suo passo. Ma io ero ancora laggiù e avevo addosso quel freddo. Pensavo che un giorno avrei dovuto tornarci, che ciò ch'è stato sarà ancora. Pensavo alla vita con lei, com'era prima; che un'altra volta sarebbe finita. Ciò ch'è stato sarà. Pensavo a quel gelo, a quel vuoto che avevo traversato e che lei si portava nelle ossa, nel midollo, nel sangue. Valeva la pena di rivivere ancora? Ci pensai, e intravvidi il barlume del giorno. Allora dissi «Sia finita» e mi voltai. Euridice scomparve come si spegne una candela. Sentii soltanto un cigolìo, come d'un topo che si salva.

BACCA. – Strane parole, Orfeo. Quasi non posso crederci. Qui si diceva ch'eri caro agli dèi e alle muse. Molte di noi ti seguono perché ti sanno innamorato e infelice. Eri tanto innamorato che

– solo tra gli uomini – hai varcato le porte del nulla. No, non ci credo, Orfeo. Non è stata tua colpa se il destino ti ha tradito.

ORFEO. – Che c'entra il destino. Il mio destino non tradisce. Ridicolo che dopo quel viaggio, dopo aver visto in faccia il nulla, io mi voltassi per errore o per capriccio.

BACCA. – Qui si dice che fu per amore.

ORFEO. – Non si ama chi è morto.

BACCA. – Eppure hai pianto per monti e colline – l'hai cercata e chiamata – sei disceso nell'Ade. Questo cos'era?

ORFEO. – Tu dici che sei come un uomo. Sappi dunque che un uomo non sa che farsi della morte. L'Euridice che ho pianto era una stagione della vita. Io cercavo ben altro laggiù che il suo amore. Cercavo un passato che Euridice non sa. L'ho capito tra i morti mentre cantavo il mio canto. Ho visto le ombre irrigidirsi e guardar vuoto, i lamenti cessare, Persefòne nascondersi il volto, lo stesso tenebroso-impassibile, Ade, protendersi come un mortale e ascoltare. Ho capito che i morti non sono più nulla.

BACCA. – Il dolore ti ha stravolto, Orfeo. Chi non rivorrebbe il passato? Euridice era quasi rinata.

ORFEO. – Per poi morire un'altra volta, Bacca. Per portarsi nel sangue l'orrore dell'Ade e tremare con me giorno e notte. Tu non sai cos'è il nulla.

BACCA. – E così tu che cantando avevi riavuto il passato, l'hai respinto e distrutto. No, non ci posso credere.

ORFEO. – Capiscimi, Bacca. Fu un vero passato soltanto nel canto. L'Ade vide se stesso soltanto ascoltandomi. Già salendo il sentiero quel passato svaniva, si faceva ricordo, sapeva di morte. Quando mi giunse il primo barlume di cielo, trasalii come un ragazzo, felice e incredulo, trasalii per me solo, per il mondo dei vivi. La stagione che avevo cercato era là in quel barlume. Non m'importò nulla di lei che mi seguiva. Il mio passato fu il chiarore, fu il canto e il mattino. E mi voltai.

BACCA. – Come hai potuto rassegnarti, Orfeo? Chi ti ha visto al ritorno facevi paura. Euridice era stata per te un'esistenza.

ORFEO. – Sciocchezze. Euridice morendo divenne altra cosa. Quell'Orfeo che discese nell'Ade, non era più sposo né vedovo. Il mio pianto d'allora fu come i pianti che si fanno da ragazzo e si sorride a ricordarli. La stagione è passata. Io cercavo, piangendo, non più lei ma me stesso. Un destino, se vuoi. Mi ascoltavo.

BACCA. – Molte di noi ti vengon dietro perché credevano a questo tuo pianto. Tu ci hai dunque ingannate?

ORFEO. – O Bacca, Bacca, non vuoi proprio capire? Il mio destino non tradisce. Ho cercato me stesso. Non si cerca che questo.

BACCA. – Qui noi siamo più semplici, Orfeo. Qui crediamo all'amore e alla morte, e piangiamo e ridiamo con tutti. Le nostre feste più gioiose sono quelle dove scorre del sangue. Noi, le donne di Tracia, non le temiamo queste cose.

ORFEO. – Visto dal lato della vita tutto è bello. Ma credi a chi è stato tra i morti... Non vale la pena.

BACCA. – Un tempo non eri così. Non parlavi del nulla. Accostare la morte ci fa simili agli dèi. Tu stesso insegnavi che un'ebbrezza travolge la vita e la morte e ci fa più che umani... Tu hai veduto la festa.

ORFEO. – Non è il sangue ciò che conta, ragazza. Né l'ebbrezza né il sangue mi fanno impressione. Ma che cosa sia un uomo è ben difficile dirlo. Neanche tu, Bacca, lo sai.

BACCA. – Senza di noi saresti nulla, Orfeo.

ORFEO. – Lo dicevo e lo so. Ma poi che importa? Senza di voi sono disceso all'Ade...

BACCA. – Sei disceso a cercarci.

ORFEO. – Ma non vi ho trovate. Volevo tutt'altro. Che tornando alla luce ho trovato.

BACCA. – Un tempo cantavi Euridice sui monti...

ORFEO. – Il tempo passa, Bacca. Ci sono i monti, non c'è più Euridice. Queste cose hanno un nome, e si chiamano uomo. Invocare gli dèi della festa qui non serve.

BACCA. – Anche tu li invocavi.

ORFEO. – Tutto fa un uomo, nella vita. Tutto crede, nei giorni. Crede perfino che il suo sangue scorra alle volte in vene altrui. O che quello che è stato si possa disfare. Crede di rompere il destino con l'ebbrezza. Tutto questo lo so, e non è nulla.

BACCA. – Non sai che farti della morte, Orfeo, e il tuo pensiero è solo morte. Ci fu un tempo che la festa ci rendeva immortali.

ORFEO. – E voi godetela la festa. Tutto è lecito a chi non sa ancora. È necessario che ciascuno scenda una volta nel suo inferno. L'orgia del mio destino è finita nell'Ade, finita cantando secondo i miei modi la vita e la morte.

BACCA. – E che vuol dire che un destino non tradisce?

ORFEO. – Vuol dire che è dentro di te, cosa tua; più profondo del sangue, di là da ogni ebbrezza. Nessun dio può toccarlo.

BACCA. – Può darsi, Orfeo. Ma noi non cerchiamo nessuna Euridice. Com'è dunque che scendiamo all'inferno anche noi?

ORFEO. – Tutte le volte che s'invoca un dio si conosce la morte. E si scende nell'Ade a strappare qualcosa, a violare un destino. Non si vince la notte, e si perde la luce. Ci si dibatte come ossessi.

BACCA. – Dici cose cattive... Dunque hai perso la luce anche tu?

ORFEO. – Ero quasi perduto, e cantavo. Comprendendo ho trovato me stesso.

BACCA. – Vale la pena di trovarsi in questo modo? C'è una strada più semplice d'ignoranza e di gioia. Il dio è come un signore tra la vita e la morte. Ci si abbandona alla sua ebbrezza, si dilania o si vien dilaniate. Si rinasce ogni volta, e ci si sveglia come te nel giorno.

ORFEO. – Non parlare di giorno, di risveglio. Pochi uomini sanno. Nessuna donna come te, sa cosa sia.

BACCA. – Forse è per questo che ti seguono, le donne della Tracia. Tu sei per loro come il dio. Sei disceso dai monti. Canti versi di amore e di morte.

ORFEO. – Sciocca. Con te si può parlare almeno. Forse un giorno sarai come un uomo.

BACCA. – Purché prima le donne di Tracia...

ORFEO. – Di'.

BACCA. – Purché non sbranino il dio.

L'uomo-lupo

Licaone, signore d'Arcadia, per la sua inumanità venne mutato in lupo da Zeus. Ma il mito non dice dove e come sia morto.

(parlano due cacciatori)

PRIMO CACCIATORE. – Non è la prima volta che s'ammazza una bestia.

SECONDO CACCIATORE. – Ma è la prima che abbiamo ammazzato un uomo.

PRIMO CACCIATORE. – Pensarci non è fatto nostro. Sono i cani che ce l'hanno stanato. Non tocca a noi dirci chi fosse. Quando l'abbiamo visto chiuso contro i sassi, canuto e insanguato, sguazzare nel fango, coi denti più rossi degli occhi, chi pensava al suo nome e alle storie di un tempo? Morì mordendo il giavellotto come fosse la gola di un cane. Aveva il cuore della bestia oltre che il pelo. Da un pezzo per queste boscaglie non si vedeva un lupo simile o più grosso.

SECONDO CACCIATORE. – Io ci penso, al suo nome. Ero ancora ragazzo e già dicevano di lui. Raccontavano cose incredibili di quando fu uomo – che tentò di scannare il Signore dei monti. Certo il suo pelo era colore della neve scarpicciata – era vecchio, un fantasma – e aveva gli occhi come sangue.

PRIMO CACCIATORE. – Ora è fatta. Bisogna scuoiarlo e tornare in pianura. Pensa alla festa che ci attende.

SECONDO CACCIATORE. – Ci muoveremo sotto l'alba. Che altro vuoi fare che scaldarci a questa legna? La guardia al cadavere la faranno i molossi.

PRIMO CACCIATORE. – Non è un cadavere, è soltanto una carcassa. Ma dobbiamo scuoiarlo, altrimenti ci diventa più duro di un sasso.

SECONDO CACCIATORE. – Mi domando se, presa la pelle, si dovrà sotterrarlo. Una volta era un uomo. Il suo sangue ferino l'ha sparso nel fango. E resterà quel mucchio nudo di ossa e carne come di un vecchio o di un bambino.

PRIMO CACCIATORE. – Che fosse vecchio non hai torto. Era già lupo quando ancora le montagne eran deserte. S'era fatto più vecchio dei tronchi canuti e muffiti. Chi si ricorda ch'ebbe un nome e fu qualcuno? Se vogliamo essere schietti, avrebbe dovuto esser morto da un pezzo.

SECONDO CACCIATORE. – Ma il suo corpo restare insepolto... Fu Licaone, un cacciatore come noi.

PRIMO CACCIATORE. – A ciascuno di noi può toccare la morte sui monti, e nessuno trovarci mai più se non la pioggia o l'avvoltoio. Se fu davvero un cacciatore, è morto male.

SECONDO CACCIATORE. – Si è difeso da vecchio, con gli occhi. Ma tu in fondo non credi che sia stato tuo simile. Non credi al suo nome. Se lo credessi, non vorresti insultarne il cadavere perché sapresti che anche lui spregiava i morti, anche lui visse torvo e inumano – non per altro il Signore dei monti ne fece una belva.

PRIMO CACCIATORE. – Si racconta di lui che cuoceva i suoi simili.

SECONDO CACCIATORE. – Conosco uomini che han fatto molto meno, e sono lupi – non gli manca che l'urlo e rintanarsi nei boschi. Sei così certo di te stesso da non sentirti qualche volta Licaone come lui? Tutti noialtri abbiamo giorni che, se un dio ci toccasse, urleremmo e saremmo alla gola di chi ci resiste. Che cos'è che ci salva se non che al risveglio ci ritroviamo queste mani e questa bocca e questa voce? Ma lui non ebbe scappatoie – lasciò per sempre gli occhi umani e le case. Ora almeno ch'è morto, dovrebbe avere pace.

PRIMO CACCIATORE. – Io non credo che avesse bisogno di pace. Chi più in pace di lui, quando poteva accovacciarsi sulle rupi e ululare alla luna? Sono vissuto abbastanza nei boschi per sapere che i tronchi e le belve non temono nulla di sacro, e non guardano al cielo che per stormire o sbadigliare. C'è anzi qualcosa che li uguaglia ai signori del cielo: quantunque facciano, non han rimorsi.

SECONDO CACCIATORE. – A sentirti parrebbe che quello del lupo sia un alto destino.

PRIMO CACCIATORE. – Non so se alto o basso, ma hai mai sentito di una bestia o di una pianta che si facesse essere umano? Invece questi luoghi sono pieni di uomini e donne toccati dal dio – chi divenne cespuglio, chi uccello, chi lupo. E per empio che fosse, per delitti che avesse commesso, guadagnò che non ebbe più le mani rosse, sfuggì al rimorso e alla speranza, si scordò di essere uomo. Provan altro gli dèi?

SECONDO CACCIATORE. – Un castigo è un castigo, e chi l'infligge almeno in questo ha compassione, che toglie all'empio l'incertezza, e del rimorso fa destino. Se anche la bestia si è scordata del passato e vive solo per la presa e la morte, resta il suo nome, resta quello che fu. C'è l'antica Callisto sepolta sul colle. Chi sa più il suo delitto? I signori del cielo l'hanno molto punita. Di una donna – era bella, si dice – fare un'orsa che rugge e che lacrima, che nella notte per paura vuol tornare nelle case. Ecco una belva che non ebbe pace. Venne il figlio e l'uccise di lancia, e gli dèi non si mossero. C'è anche chi dice che, pentiti, ne fecero un groppo di stelle. Ma rimase il cadavere e questo è sepolto.

PRIMO CACCIATORE. – Che vuoi dire? Conosco le storie. E che Callisto non sapesse rassegnarsi, non è colpa degli dèi. È come chi va malinconico a un banchetto o s'ubriaca a un funerale. S'io fossi lupo, sarei lupo anche nel sonno.

SECONDO CACCIATORE. – Non conosci la strada del sangue. Gli dèi non ti aggiungono né tolgono nulla. Solamente, d'un tocco leggero, t'inchiodano dove sei giunto. Quel che prima era voglia, era scelta, ti si scopre destino. Questo vuol dire, farsi lupo. Ma resti quello che è fuggito dalle case, resti l'antico Licaone.

PRIMO CACCIATORE. – Vuoi dunque dire che, azzannato dai molossi, Licaone patì come un uomo cui si desse la caccia coi cani?

SECONDO CACCIATORE. – Era vecchio, sfinito; tu stesso consenti che non seppe difendersi. Mentre moriva senza voce sulle pietre, io pensavo a quei vecchi pezzenti che si fermano a volte davanti ai cortili, e i cani si strozzano alla catena per morderli. Anche questo succede, nelle case laggiù. Diciamo pure che è vissuto come un lupo. Ma, morendo e vedendoci, capì di esser uomo. Ce lo disse con gli occhi.

PRIMO CACCIATORE. – Amico, e credi che gl'importi di marcire sottoterra come un uomo, lui che l'ultima cosa che ha visto eran uomini in caccia?

SECONDO CACCIATORE. – C'è una pace di là dalla morte. Una sorte comune. Importa ai vivi, importa al lupo che è in noi tutti. Ci è toccato di ucciderlo. Seguiamo almeno l'usanza, e lasciamo l'ingiuria agli dèi. Torneremo alle case con le mani pulite.

L'ospite

La Frigia e la Lidia furon sempre paesi di cui i Greci amarono raccontare atrocità. Beninteso, era tutto accaduto a casa loro, ma in tempi più antichi.

Inutile dire chi perse la gara della mietitura.

(parlano Litierse e Eracle)

LITIERSE. — Ecco il campo, straniero. Anche noi siamo ospitali come voialtri a casa vostra. Di qua non ti è possibile scampare, e come hai mangiato e bevuto con noi, la nostra terra si berrà il tuo sangue. Quest'altr'anno il Meandro vedrà un grano fitto e spesso più di questo.

ERACLE. — Molti ne avete uccisi in passato sul campo?

LITIERSE. — Abbastanza. Ma nessuno che avesse la tua forza o bastasse da solo. E sei rosso di pelo, hai le pupille come fiori — darai vigore a questa terra.

ERACLE. — Chi vi ha insegnato quest'usanza?

LITIERSE. — Si è sempre fatto. Se non nutri la terra, come puoi chiederle che nutra te?

ERACLE. — Già quest'anno il tuo grano mi sembra in rigoglio. Giunge alla spalla di chi miete. Chi avevate scannato?

LITIERSE. – Non ci venne nessun forestiero. Uccidemmo un vecchio servo e un caprone. Fu un sangue molle che la terra sentì appena. Vedi la spiga, com'è vana. Il corpo che noi laceriamo deve prima sudare, schiumare nel sole. Per questo ti faremo mietere, portare i covoni, grondare fatica, e soltanto alla fine, quando il tuo sangue ferverà vivo e schietto, sarà il momento di aprirti la gola. Tu sei giovane e forte.

ERACLE. – I vostri dèi che cosa dicono?

LITIERSE. – Non c'è dèi sopra il campo. C'è soltanto la terra, la Madre, la Grotta, che attende sempre e si riscuote soltanto sotto il fiotto di sangue. Questa sera, straniero, sarai tu stesso nella grotta.

ERACLE. – Voialtri Frigi non scendete nella grotta?

LITIERSE. – Noi ne usciamo nascendo, e non c'è fretta di tornarci.

ERACLE. – Ho capito. E così l'escremento del sangue è necessario ai vostri dèi.

LITIERSE. – Non dèi ma la terra, straniero. Voi non vivete su una terra?

ERACLE. – I nostri dèi non sono in terra, ma reggono il mare e la terra, la selva e la nuvola, come il pastore tiene il gregge e il padrone comanda ai suoi servi. Se ne stanno appartati, sul monte, come i pensieri dentro gli occhi di chi parla o come le nuvole in cielo. Non hanno bisogno di sangue.

LITIERSE. – Non ti capisco, ospite straniero. La nuvola la rupe la grotta hanno per noi lo stesso nome e non si appartano. Il sangue che la Madre ci ha dato glielo rendiamo in sudore, in escremento, in morte. È proprio vero che tu vieni di lontano. Quei vostri dèi non sono nulla.

ERACLE. – Sono una stirpe d'immortali. Hanno vinto la selva, la terra e i suoi mostri. Hanno cacciato nella grotta tutti quelli come te che spargevano il sangue per nutrire la terra.

LITIERSE. – Oh vedi, i tuoi dèi sanno quel che si fanno. Anche loro han dovuto saziare la terra. E del resto tu sei troppo robusto per essere nato da una terra non sazia.

ERACLE. – Su dunque, Litierse, si miete?

LITIERSE. – Ospite, sei strano. Mai nessuno sinora ha detto questo davanti al campo. Non la temi la morte sul covone? Speri forse di fuggire tra i solchi come una quaglia o uno scoiattolo?

ERACLE. – Se ho ben capito, non è morte ma ritorno alla Madre e come un dono ospitale. Tutti questi villani che s'affaticano sul campo, saluteranno con preghiere e con canti chi darà il sangue per loro. È un grande onore.

LITIERSE. – Ospite, grazie. Ti assicuro che il servo che abbiamo scannato l'altr'anno non diceva così. Era vecchio e sfinito eppure si dovette legarlo con ritorte di scorza e a lungo si dibatté sotto le falci, tanto che prima di cadere s'era già tutto dissanguato.

ERACLE. – Questa volta, Litierse, andrà meglio. E dimmi, ucciso l'infelice, che ne fate?

LITIERSE. – Lo si lacera ancor semivivo, e i brani li spargiamo nei campi a toccar la Madre. Conserviamo la testa sanguinosa avvolgendola in spighe e fiori, e tra canti e allegrie la gettiamo nel Meandro. Perché la Madre non è terra soltanto ma, come ti ho detto, anche nuvola e acqua.

ERACLE. – Sai molte cose, tu Litierse, non per nulla sei signore dei campi in Celene. E a Pessino, dimmi, ne uccidono molti?

LITIERSE. – Dappertutto, straniero, si uccide sotto il sole. Il nostro grano non germoglia che da zolle toccate. La terra è viva, e deve pure esser nutrita.

ERACLE. – Ma perché chi uccidete dev'essere straniero? La terra, la grotta che vi ha fatti, dovrà pur preferire di riprendersi i succhi che più le somigliano. Anche tu, quando mangi, non preferisci il pane e il vino del tuo campo?

LITIERSE. – Tu mi piaci, straniero, ti prendi a cuore il nostro bene come se fossi figlio nostro. Ma rifletti un momento perché duriamo la fatica e l'affanno di questi lavori. Per vivere, no? E dunque è giusto che noi restiamo in vita a goderci la messe, e che muoiano gli altri. Tu non sei contadino.

ERACLE. – Ma non sarebbe anche più giusto trovare il modo di por fine alle uccisioni e che tutti, stranieri e paesani, mangiassero il grano? Uccidere un'ultima volta chi da solo fecondasse per sempre la terra e le nubi e la forza del sole su questa piana?

LITIERSE. – Tu non sei contadino, lo vedo. Non sai nemmeno che la terra ricomincia a ogni solstizio e che il giro dell'anno esaurisce ogni cosa.

ERACLE. – Ma ci sarà su questa piana chi si è nutrito, risalendo i suoi padri, di tutti i succhi delle stagioni, chi è tanto ricco e tanto forte e di sangue così generoso, da bastare una volta per tutte a rifare la terra delle stagioni passate?

LITIERSE. – Tu mi fai ridere, straniero. Sembra quasi che parli di me. Sono il solo in Celene che, attraverso i miei padri, sono sempre vissuto quaggiù. Sono il signore, e tu lo sai.

ERACLE. – Parlo infatti di te. Mieteremo, Litierse. Sono venuto dalla Grecia per quest'opera di sangue. Mieteremo. E stasera rientrerai nella grotta.

LITIERSE. – Vuoi uccidere me, sul mio campo?

ERACLE. – Voglio combattere con te fino alla morte.

LITIERSE. – Sai almeno menarla la falce, straniero?

ERACLE. – Stai tranquillo, Litierse. Fatti sotto.

LITIERSE. – Certo, le braccia le hai robuste.

ERACLE. – Fatti sotto.

I fuochi

Anche i Greci praticarono sacrifici umani. Ogni civiltà contadina ha fatto questo. E tutte le civiltà sono state contadine.

(parlano due pastori)

FIGLIO. – Tutta la montagna brucia.

PADRE. – Si fa tanto per fare. Certo stanotte il Citerone è un'altra cosa. Quest'anno pascoliamo troppo in alto. Hai raccolto le bestie?

FIGLIO. – Il nostro falò non lo vede nessuno.

PADRE. – Noi lo facciamo, non importa.

FIGLIO. – Ci sono più fuochi che stelle.

PADRE. – Metti la brace.

FIGLIO. – È fatto.

PADRE. – O Zeus, accogli quest'offerta di latte e miele dolce; noi siamo poveri pastori e del gregge non nostro non possiamo disporre. Questo fuoco che brucia allontani i malanni e, come si copre di spire di fumo, ci copra di nubi... Bagna e spruzza, ragazzo. Basta che uccidano il vitello nelle grosse masserie. Se piove, piove dappertutto.

FIGLIO. – Padre, laggiù son fuochi o stelle?

PADRE. – Non guardare di là. Devi spruzzare verso il mare. Le piogge salgono dal mare.

FIGLIO. – Padre, la pioggia va lontano? Piove davvero dappertutto, quando piove? Anche a Tespie? Anche a Tebe? Lassù il mare non l'hanno.

PADRE. – Ma hanno i pascoli, sciocco. Han bisogno di pozzi. Anche loro stanotte hanno acceso i falò.

FIGLIO. – Ma dopo Tespie? più lontano? Dove la gente che cammina giorno e notte è sempre in mezzo alle montagne? A me hanno detto che lassù non piove mai.

PADRE. – Dappertutto stanotte ci sono i falò.

FIGLIO. – Perché adesso non piove? I falò li hanno accesi.

PADRE. – È la festa, ragazzo. Se piovesse li spegnerebbe. A chi conviene? Pioverà domani.

FIGLIO. – E sui falò mentre ancora bruciavano non è mai piovuto?

PADRE. – Chi lo sa? Tu non eri ancor nato e io nemmeno, e già accendevano i falò. Sempre stanotte. Si dice che una volta è piovuto, sul falò.

FIGLIO. – SÌ?

PADRE. – Ma è stato quando l'uomo viveva più giusto che adesso, e anche i figli dei re eran pastori. Tutta questa terra era come l'aia, allora, pulita e battuta, e ubbidiva al re Atamante. Si lavorava e si viveva e non c'era bisogno di nascondere i capretti al padrone. Dicono che venne una tremenda canicola e così i pascoli e i pozzi seccarono e la gente moriva. I falò non servivano a niente. Allora Atamante chiese consiglio. Ma era vecchio e aveva in casa da poco una sposa, giovane che comandava, e cominciò a empirgli la testa che non era il momento di mostrarsi molle, di perdere il credito. Avevano pregato e spruzzato? sì. Avevano ucciso il vitello e il toro, molti tori? sì. Che cos'era seguito? Niente. Dunque offrissero i figli. Capisci? Ma non mica i suoi di lei, che non li aveva: figurarsi; i due figli già grandi della prima moglie, due ragazzi che lavoravano in campagna tutto il giorno. E Atamante, balordo, si decise: li manda a chiamare. Quelli capiscono, si sa, i figli del re non sono scemi, e allora gambe. E con loro sparirono le prime nuvole, che appena saputa una cosa simile un dio aveva mandato sulla campagna. E subito quella strega a dire: «Vedete? l'idea era giusta, le nuvole già c'erano; qui bisogna scannare qualcuno». E tanto fa che la gente decide di pigliarsi Atamante e bruciarlo. Preparano il fuoco, lo accendono; conducono Atamante legato e infiorato come il bue, e quando stanno per buttarlo nel falò il tempo si guasta. Tuona, lampeggia e viene giù un'acqua da dio. La campagna rinasce. L'acqua spegne il falò e Atamante, buon uomo, perdona tutti, anche la moglie. Stai attento, ragazzo, alle donne. È più facile conoscere la serpe dal serpe.

FIGLIO. – E i figlioli del re?

PADRE. – Non se n'è più saputo niente. Ma due ragazzi come quelli avran trovato da far bene.

FIGLIO. – E se a quel tempo erano giusti, perché volevano bruciare due ragazzi?

PADRE. – Scemo, non sai cos'è canicola. Io ne ho viste e tuo nonno ne ha viste. Non è niente l'inverno. L'inverno si pena ma si sa che fa bene ai raccolti. La canicola no. La canicola brucia. Tutto muore, e la fame e la sete ti cambiano un uomo. Prendi uno che non abbia mangiato: è attaccabriga. E tu pensa quella gente che andavano tutti d'accordo e ognuno aveva la sua terra, abituati a far bene e a star bene. Si asciugano i pozzi, si bruciano i grani, hanno fame e hanno sete. Ma diventano bestie feroci.

FIGLIO. – Era gente cattiva.

PADRE. – Non più cattiva di noialtri. La nostra canicola sono i padroni. E non c'è pioggia che ci possa liberare.

FIGLIO. – Non mi piacciono più questi fuochi. Perché gli dèi ne hanno bisogno? È vero che una volta ci bruciavano sempre qualcuno?

PADRE. – Andavan piano. Ci bruciavano zoppi, fannulloni, e insensati. Ci bruciavano chi non serviva. Chi rubava sui campi. Tanto gli dèi se ne accontentavano. Bene o male, pioveva.

FIGLIO. – Non capisco che gusto gli dèi ci trovassero. Se pioveva lo stesso. Anche Atamante. Han spento il rogo.

PADRE. – Vedi, gli dèi sono i padroni. Sono come i padroni. Vuoi che vedessero bruciare uno di loro? Tra loro si aiutano. Noi invece nessuno ci aiuta. Faccia pioggia o sereno, che cosa gl'importa agli dèi? Adesso s'accendono i fuochi, e si dice che fa piovere. Che cosa gliene importa ai padroni? Li hai mai visti venire sul campo?

FIGLIO. – Io no.

PADRE. – E dunque. Se una volta bastava un falò per far piovere, bruciarci sopra un vagabondo per salvare un raccolto, quante case di padroni bisogna incendiare, quanti ammazzarne per le strade e per le piazze, prima che il mondo torni giusto e noi si possa dir la nostra?

FIGLIO. – E gli dèi?

PADRE. – Cosa c'entrano?

FIGLIO. – Non hai detto che dèi e padroni si tengono mano? Sono loro i padroni.

PADRE. – Scanneremo un capretto. Che farci? Ammazzeremo i vagabondi e chi ci ruba. Bruceremo un falò.

FIGLIO. – Vorrei che fosse già mattino. A me gli dèi fanno paura.

PADRE. – E fai bene. Gli dèi vanno tenuti dalla nostra. Alla tua età è una brutta cosa non pensarci.

FIGLIO. – Io non voglio pensarci. Sono ingiusti, gli dèi. Che bisogno hanno che si bruci gente viva?

PADRE. – Se non fosse così, non sarebbero dèi. Chi non lavora come vuoi che passi il tempo? Quando non c'erano i padroni e si viveva con giustizia, bisognava ammazzare ogni tanto qualcuno per farli godere. Sono fatti così. Ma ai nostri tempi non ne han più bisogno. Siamo in tanti a star male, che gli basta guardarci.

FIGLIO. – Vagabondi anche loro.

PADRE. – Vagabondi. Ne hai detta una giusta.

FIGLIO. – Cosa dicevano bruciando sul falò, i ragazzi storpi? Gridavano molto?

PADRE. – Non è tanto il gridare. È chi grida, che conta. Un storpio o un cattivo non fanno niente di bene. Ma è un po' peggio quando un uomo che ha dei figli vede ingrassare i fannulloni. Questo è ingiusto.

FIGLIO. – Io non posso star fermo pensando ai falò d'una volta. Guarda laggiù quanti ne accendono.

PADRE. – Non bruciavano mica un ragazzo per ogni fuoco. È come adesso col capretto. Figurarsi. Se uno fa piovere, piove per tutti. Bastava un uomo per montagna, per paese.

FIGLIO. – Io non voglio, capisci, non voglio. Fanno bene i padroni a mangiarci il midollo, se siamo stati così ingiusti tra noialtri. Fanno bene gli dèi a guardarci patire. Siamo tutti cattivi.

PADRE. – Bagna le frasche adesso e spruzza. Sei ancora ignorante. Proprio tu sai parlare di giusto e d'ingiusto. Verso il mare, zuccone... O Zeus, accogli quest'offerta...

L'isola

Tutti sanno che Odisseo naufrago, sulla via del ritorno, restò nove anni sull'isola Ogigia, dove non c'era che Calipso, antica dea.

(parlano Calipso e Odisseo)

CALIPSO. – Odisseo, non c'è nulla di molto diverso. Anche tu come me vuoi fermarti su un'isola. Hai veduto e patito ogni cosa. Io forse un giorno ti dirò quel che ho patito. Tutti e due siamo stanchi di un grosso destino. Perché continuare? Che t'importa che l'isola non sia quella che cercavi? Qui mai nulla succede. C'è un po' di terra e un orizzonte. Qui puoi vivere sempre.

ODISSEO. – Una vita immortale.

CALIPSO. – Immortale è chi accetta l'istante. Chi non conosce più un domani. Ma se ti piace la parola, dilla. Tu sei davvero a questo punto?

ODISSEO. – Io credevo immortale chi non teme la morte.

CALIPSO. – Chi non spera di vivere. Certo, quasi lo sei. Hai patito molto anche tu. Ma perché questa smania di tornartene a casa? Sei ancora inquieto. Perché i discorsi che da solo vai facendo tra gli scogli?

ODISSEO. – Se domani io partissi tu saresti infelice?

CALIPSO. – Vuoi saper troppo, caro. Diciamo che sono immortale. Ma se tu non rinunci ai tuoi ricordi e ai sogni, se non deponi la smania e non accetti l'orizzonte, non uscirai da quel destino che conosci.

ODISSEO. – Si tratta sempre di accettare un orizzonte. E ottenere che cosa?

CALIPSO. – Ma posare la testa e tacere, Odisseo. Ti sei mai chiesto perché anche noi cerchiamo il sonno? Ti sei mai chiesto dove vanno i vecchi dèi che il mondo ignora? perché sprofondano nel tempo, come le pietre nella terra, loro che pure sono eterni? E chi son io, chi è Calipso?

ODISSEO. – Ti ho chiesto se tu sei felice.

CALIPSO. – Non è questo, Odisseo. L'aria, anche l'aria di quest'isola deserta, che adesso vibra solamente dei rimbombi del mare e di stridi d'uccelli, è troppo vuota. In questo vuoto non c'è nulla da rimpiangere, bada. Ma non senti anche tu certi giorni un silenzio, un arresto, che è come la traccia di un'antica tensione e presenza scomparse?

ODISSEO. – Dunque anche tu parli agli scogli?

CALIPSO. – È un silenzio, ti dico. Una cosa remota e quasi morta. Quello che è stato e non sarà mai più. Nel vecchio mondo degli dèi quando un mio gesto era destino. Ebbi nomi paurosi, Odisseo. La terra e il mare mi obbedivano. Poi mi stancai; passò del tempo, non mi volli più muovere. Qualcuna di noi resisté ai nuovi dèi; lasciai che i nomi sprofondassero nel tempo; tutto mutò e rimase uguale; non valeva la pena di contendere ai nuovi il destino. Ormai sapevo il mio orizzonte e perché i vecchi non avevano conteso con noialtri.

ODISSEO. – Ma non eri immortale?

CALIPSO. – E lo sono, Odisseo. Di morire non spero. E non spero di vivere. Accetto l'istante. Voi mortali vi attende qualcosa di simile, la vecchiezza e il rimpianto. Perché non vuoi posare il capo come me, su quest'isola?

ODISSEO. – Lo farei, se credessi che sei rassegnata. Ma anche tu che sei stata signora di tutte le cose, hai bisogno di me, di un mortale, per aiutarti a sopportare.

CALIPSO. – È un reciproco bene, Odisseo. Non c'è vero silenzio se non condiviso.

ODISSEO. – Non ti basta che sono con te quest'oggi?

CALIPSO. – Non sei con me, Odisseo. Tu non accetti l'orizzonte di quest'isola. E non sfuggi al rimpianto.

ODISSEO. – Quel che rimpiango è parte viva di me stesso come di te il tuo silenzio. Che cosa è mutato per te da quel giorno che terra e mare ti obbedivano? Hai sentito ch'eri sola e ch'eri stanca e scordato i tuoi nomi. Nulla ti è stato tolto. Quel che sei l'hai voluto.

CALIPSO. – Quello che sono è quasi nulla, caro. Quasi mortale, quasi un'ombra come te. È un lungo sonno cominciato chi sa quando e tu sei giunto in questo sonno come un sogno. Temo l'alba, il risveglio; se tu vai via, è il risveglio.

ODISSEO. – Sei tu, la signora, che parli?

CALIPSO. – Temo il risveglio, come tu temi la morte. Ecco, prima ero morta, ora lo so. Non restava di me su quest'isola che la voce del mare e del vento. Oh non era un patire. Dormivo. Ma da quando sei giunto hai portato un'altr'isola in te.

ODISSEO. – Da troppo tempo la cerco. Tu non sai quel che sia avvistare una terra e socchiudere gli occhi ogni volta per illudersi. Io non posso accettare e tacere.

CALIPSO. – Eppure, Odisseo, voi uomini dite che ritrovare quel che si è perduto è sempre un male. Il passato non torna. Nulla regge all'andare del tempo. Tu che hai visto l'oceano, i mostri e l'Eliso, potrai ancora riconoscere le case, le tue case?

ODISSEO. – Tu stessa hai detto che porto l'isola in me.

CALIPSO. – Oh mutata, perduta, un silenzio. L'eco di un mare tra gli scogli o un po' di fumo. Con te nessuno potrà condividerla. Le case saranno come il viso di un vecchio. Le tue parole avranno un senso altro dal loro. Sarai più solo che nel mare.

ODISSEO. – Saprò almeno che devo fermarmi.

CALIPSO. – Non vale la pena, Odisseo. Chi non si ferma adesso, subito, non si ferma mai più. Quello che fai, lo farai sempre. Devi rompere una volta il destino, devi uscire di strada, e lasciarti affondare nel tempo...

ODISSEO. – Non sono immortale.

CALIPSO. – Lo sarai, se mi ascolti. Che cos'è vita eterna se non questo accettare l'istante che viene e l'istante che va? L'ebbrezza, il piacere, la morte non hanno altro scopo. Cos'è stato finora il tuo errare inquieto?

ODISSEO. – Se lo sapessi avrei già smesso. Ma tu dimentichi qualcosa.

CALIPSO. – Dimmi.

ODISSEO. – Quello che cerco l'ho nel cuore, come te.

Il lago

Ippolito, cacciatore vergine di Trezene, morì di mala morte per dispetto di Afrodite. Ma Diana, resuscitatolo, lo trafugò in Italia (l'Esperia) sui monti Albani dove lo adibì al suo culto, chiamandolo Virbio. Virbio ebbe figli dalla ninfa Aricia.

Per gli antichi l'Occidente – si pensi all'*Odissea* – era il paese dei morti.

(parlano Virbio e Diana)

VIRBIO. – Ti dirò che venendoci mi piacque. Questo lago mi parve il mare antico. E fui lieto di viver la tua vita, di esser morto per tutti, di servirti nel bosco e sui monti. Qui le belve, le vette, i villani non san nulla, non conoscono che te. È un paese senza cose passate, un paese dei morti.

DIANA. – Ippolito...

VIRBIO. – Ippolito è morto, tu mi hai chiamato Virbio.

DIANA. – Ippolito, nemmeno morendo voi mortali scordate la vita?

VIRBIO. – Senti. Per tutti sono morto e ti servo. Quando tu mi hai strappato all'Ade e ridato alla luce, non chiedevo che di muovermi, respirare e venerarti. Mi hai posto qui dove terra e cielo risplendono, dove tutto è sapido e vigoroso, tutto è nuovo.

Anche la notte qui è giovane e fonda, più che in patria. Qui il tempo non passa. Non si fanno ricordi. E tu sola regni qui.

DIANA. – Sei tutto intriso di ricordi, Ippolito. Ma voglio ammettere un istante che questa sia terra di morti: che altro si fa nell'Ade se non riandare il passato?

VIRBIO. – Ippolito è morto, ti dico. E questo lago che somiglia al cielo non sa nulla d'Ippolito. Se io non ci fossi, questa terra sarebbe ugualmente com'è. Pare un paese immaginato, veduto di là dalle nubi. Una volta – ero ancora ragazzo – pensai che dietro i monti di casa, lontano, dove il sole calava – bastava andare, andare sempre – sarei giunto al paese infantile del mattino, della caccia, del gioco perenne. Uno schiavo mi disse: «Bada a quel che desideri, piccolo. Gli dèi lo concedono sempre». Era questo. Non sapevo di volere la morte.

DIANA. – Questo è un altro ricordo. Di che cosa ti lagni?

VIRBIO. – O selvaggia, non so. Sembra ieri che aprii gli occhi quaggiù. So che è passato tanto tempo, e questi monti, quest'acqua, questi alberi grandi sono immobili e muti. Chi è Virbio? Sono altra cosa da un ragazzo che ogni mattina si ridesta e torna al gioco come se il tempo non passasse?

DIANA. – Tu sei Ippolito, il ragazzo che morì per seguirmi. E ora vivi oltre il tempo. Non hai bisogno di ricordi. Con me si vive alla giornata, come la lepre, come il cervo, come il lupo. E si fugge, s'insegue sempre. Questa non è terra di morti, ma il vivo crepuscolo di un mattino perenne. Non hai bisogno di ricordi, perché questa vita l'hai sempre saputa.

VIRBIO. – Eppure il sito qui è davvero più vivo che in patria. C'è in tutte le cose e nel sole una luce radiosa come venisse dall'interno, un vigore che si direbbe non ancora intaccato dai giorni. Che cos'è per voi dèi questa terra d'Esperia?

DIANA. – Non diversa dalle altre sotto il cielo. Noi non viviamo di passato o d'avvenire. Ogni giorno è per noi come il primo. Quel che a te pare un gran silenzio è il nostro cielo.

VIRBIO. – Pure ho vissuto in luoghi che ti sono più cari. Ho cacciato sul Dìdimo, corse le spiagge di Trezene, paesi poveri e selvaggi come me. Ma in questo inumano silenzio, in questa vita oltre la vita non avevo mai tratto il respiro. Cos'è che la fa solitudine?

DIANA. – Ragazzo che sei. Un paese dove l'uomo non era mai stato, sarà sempre una terra dei morti. Dal tuo mare e dalle isole ne verranno degli altri, e crederanno di varcare l'Ade. E ci sono altre terre più remote...

VIRBIO. – Altri laghi, altri mattini come questi. L'acqua è più azzurra delle prùgnole tra il verde. Mi par di essere un'ombra tra le ombre degli alberi. più mi scaldo a questo sole e mi nutro a questa terra, più mi pare di sciogliermi in stille e brusii, nella voce del lago, nei ringhi del bosco. C'è qualcosa di remoto dietro ai tronchi, nei sassi, nel mio stesso sudore.

DIANA. – Queste sono le smanie di quand'eri ragazzo.

VIRBIO. – Non sono più un ragazzo. Conosco te e vengo dall'Ade. La mia terra è lontana come le nuvole lassù. Ecco, passo fra i tronchi e le cose come fossi una nuvola.

DIANA. – Tu sei felice, Ippolito. Se all'uomo è dato esser felice, tu lo sei.

VIRBIO. – È felice il ragazzo che fui, quello che è morto. Tu l'hai salvato, e ti ringrazio. Ma il rinato, il tuo servo, il fuggiasco che guarda la quercia e i tuoi boschi, quello non è felice, perché nemmeno sa se esiste. Chi gli risponde? chi gli parla? l'oggi aggiunge qualcosa al suo ieri?

DIANA. – Dunque, Virbio, è tutto qui? Vuoi compagnia?

VIRBIO. – Tu lo sai ciò che voglio.

DIANA. – I mortali finiscono sempre per chiedere questo. Ma che avete nel sangue?

VIRBIO. – Tu chiedi a me che cosa è il sangue?

DIANA. – C'è un divino sapore nel sangue versato. Quante volte ti ho visto rovesciare il capriolo o la lupa, e tagliargli la gola e tuffarci le mani. Mi piacevi per questo. Ma l'altro sangue, il sangue vostro, quel che vi gonfia le vene e accende gli occhi, non lo conosco così bene. So che è per voi vita e destino.

VIRBIO. – Già una volta l'ho sparso. E sentirlo inquieto e smarrito quest'oggi, mi dà la prova che son vivo. Né il vigore delle piante né la luce del lago mi bastano. Queste cose son come le nuvole, erranti eterne del mattino e della sera, guardiane degli orizzonti, le figure dell'Ade. Solamente altro sangue può calmare il mio. E che scorra inquieto, e poi sazio.

DIANA. – A pigliarti in parola, tu vorresti sgozzare.

VIRBIO. – Non hai torto, selvaggia. Prima, quando ero Ippolito, sgozzavo le belve. Mi bastava. Ora qui, in questa terra dei morti, anche le belve mi dileguano tra mano come nubi. La colpa è mia, credo. Ma ho bisogno di stringere a me un sangue caldo e fraterno. Ho bisogno di avere una voce e un destino. O selvaggia, concedimi questo.

DIANA. – Pensaci bene, Virbio-Ippolito. Tu sei stato felice.

VIRBIO. – Non importa, signora. Troppe volte mi sono specchiato nel lago. Chiedo di vivere, non di essere felice.

Le streghe

Odisseo giunse da Circe, avvertito del pericolo e immunizzato magicamente contro gli incanti. Di qui, l'inutilità del colpo di bacchetta della maga. Ma la maga – antica dea mediterranea scaduta di rango – sapeva da tempo che nel suo destino sarebbe entrato un Odisseo. Di ciò Omero non ha tenuto quel conto che si vorrebbe.

(parlano Circe e Leucotea)

CIRCE. – Credimi, Leucò, lì per lì non capii. Succede a volte di sbagliare la formula, succede un'amnesia. Eppure l'avevo toccato. La verità è che l'aspettavo da tanto tempo che non ci pensavo più. Appena capii tutto – lui aveva fatto un balzo e messo mano alla spada – mi venne da sorridere – tanta fu la contentezza e insieme la delusione. Pensai perfino di poterne fare a meno, di sfuggire alla sorte. «Dopotutto è Odisseo» pensai, «uno che vuol tornare a casa». Pensavo già d'imbarcarlo. Cara Leucò. Lui dimenava quella spada – ridicolo e bravo come solo un uomo sa essere – e io dovevo sorridere e squadrarlo come faccio con loro, e stupirmi e scostarmi. Mi sentivo come una ragazza, come quando eravamo ragazze e ci dicevano che cosa avremmo fatto da grandi e noi giù a ridere. Tutto si svolse come un ballo. Lui mi prese per i polsi, alzò la voce, io divenni di tutti i colori – però ero pallida, Leucò – gli abbracciai le ginocchia e cominciai la mia battuta: «Chi sei tu? da quale terra generato...» Poveretto, pensavo, lui non sa quel che gli tocca. Era grande, ricciuto, un bell'uomo, Leucò. Che stupendo maiale, che lupo, avrebbe fatto.

LEUCOTEA. – Ma queste cose gliele hai dette, nell'anno che ha passato con te?

CIRCE. – Oh ragazza, non parlare delle cose del destino con un uomo. Loro credono di aver detto tutto quando l'hanno chiamato la catena di ferro, il decreto fatale. Noi ci chiamano le signore fatali, lo sai.

LEUCOTEA. – Non sanno sorridere.

CIRCE. – Sì. Qualcuno di loro sa ridere davanti al destino, sa ridere dopo, ma durante bisogna che faccia sul serio o che muoia. Non sanno scherzare sulle cose divine, non sanno sentirsi recitare come noi. La loro vita è così breve che non possono accettare di far cose già fatte o sapute. Anche lui, l'Odisseo, il coraggioso, se gli dicevo una parola in questo senso, smetteva di capirmi e pensava a Penelope.

LEUCOTEA. – Che noia.

CIRCE. – Sì ma vedi, io lo capisco. Con Penelope non doveva sorridere, con lei tutto, anche il pasto quotidiano, era serio e inedito – potevano prepararsi alla morte. Tu non sai quanto la morte li attiri. Morire è sì un destino per loro, una ripetizione, una cosa saputa, ma s'illudono che cambi qualcosa.

LEUCOTEA. – Perché allora non volle diventare un maiale?

CIRCE. – Ah, Leucò, non volle nemmeno diventare un dio, e sai quanto Calipso lo pregasse, quella sciocca. Odisseo era così, né maiale né dio, un uomo solo, estremamente intelligente, e bravo davanti al destino.

LEUCOTEA. – Dimmi, cara, ti è molto piaciuto con lui?

CIRCE. – Penso una cosa, Leucò. Nessuna di noi dee ha mai voluto farsi mortale, nessuna l'ha mai desiderato. Eppure qui sarebbe il nuovo, che spezzerebbe la catena.

LEUCOTEA. – Tu vorresti?

CIRCE. – Che dici, Leucò... Odisseo non capiva perché sorridevo. Non capiva sovente nemmeno che sorridevo. Una volta credetti di avergli spiegato perché la bestia è più vicina a noialtri immortali che non l'uomo intelligente e coraggioso. La bestia che mangia, che monta, e non ha memoria. Lui mi rispose che in patria lo attendeva un cane, un povero cane che forse era morto, e mi disse il suo nome. Capisci, Leucò, quel cane aveva un nome.

LEUCOTEA. – Anche a noialtre dànno un nome, gli uomini.

CIRCE. – Molti nomi mi diede Odisseo stando sul mio letto. Ogni volta era un nome. Dapprincipio fu come il grido della bestia, di un maiale o del lupo, ma lui stesso a poco a poco si accorse ch'eran sillabe di una sola parola. Mi ha chiamata coi nomi di tutte le dee, delle nostre sorelle, coi nomi della madre, delle cose della vita. Era come una lotta con me, con la sorte. Voleva chiamarmi, tenermi, farmi mortale. Voleva spezzare qualcosa. Intelligenza e coraggio ci mise – ne aveva – ma non seppe sorridere mai. Non seppe mai cos'è il sorriso degli dèi – di noi che sappiamo il destino.

LEUCOTEA. – Nessun uomo capisce noialtre, e la bestia. Li ho veduti i tuoi uomini. Fatti lupi o maiali, ruggiscono ancora come uomini interi. È uno strazio. Nella loro intelligenza sono ben rozzi. Tu hai molto giocato con loro?

CIRCE. – Me li godo, Leucò. Me li godo come posso. Non mi fu dato avere un dio nel mio letto, e di uomini soltanto Odisseo. Tutti gli altri che tocco diventano bestia e s'infuriano, e mi cercano così, come bestie. Io li prendo, Leucò: la loro furia non è meglio né peggio dell'amore di un dio. Ma con loro non devo nemmeno sorridere; li sento coprirmi e poi scappare a rintanarsi. Non mi succede di abbassare gli occhi.

LEUCOTEA. – E Odisseo...

CIRCE. – Non mi chiedo chi siano... Vuoi sapere chi fosse Odisseo?

LEUCOTEA. – Dimmi, Circe.

CIRCE. – Una sera mi descrisse il suo arrivo in Eea, la paura dei compagni, le sentinelle poste alle navi. Mi disse che tutta la notte ascoltarono i ringhi e i ruggiti, distesi nei mantelli sulla spiaggia del mare. E poi che, apparso il giorno, videro di là dalla selva levarsi una spira e che gridarono di gioia, riconoscendo la patria e le case. Queste cose mi disse sorridendo – come sorridono gli uomini – seduto al mio fianco davanti al camino. Disse che voleva scordarsi chi ero e dov'era, e quella sera mi chiamò Penelope.

LEUCOTEA. – O Circe, così sciocco è stato?

CIRCE. – Leucina, anch'io fui sciocca e gli dissi di piangere.

LEUCOTEA. – Figùrati.

CIRCE. – No, che non pianse. Sapeva che Circe ama le bestie, che non piangono. Pianse più tardi, pianse il giorno che gli dissi il lungo viaggio che restava e la discesa nell'Averno e il buio pesto dell'Oceano. Questo pianto che pulisce lo sguardo e dà forza, lo capisco anch'io Circe. Ma quella sera mi parlò – ridendo ambiguo – della sua infanzia e del destino, e mi chiese di me. Ridendo parlava, capisci.

LEUCOTEA. – Non capisco.

CIRCE. – Ridendo. Con la bocca e la voce. Ma gli occhi pieni di ricordi. E poi mi disse di cantare. E cantando mi misi al telaio e la mia voce rauca la feci voce della casa e dell'infanzia, la raddolcii, gli fui Penelope. Si prese il capo fra le mani.

LEUCOTEA. – Chi rideva alla fine?

CIRCE. – Nessuno, Leucò. Anch'io quella sera fui mortale. Ebbi un nome: Penelope. Quella fu l'unica volta che senza sorridere fissai in faccia la mia sorte e abbassai gli occhi.

LEUCOTEA. – E quest'uomo amava un cane?

CIRCE. – Un cane, una donna, suo figlio, e una nave per correre il mare. E il ritorno innumerevole dei giorni non gli parve mai destino, e correva alla morte sapendo cos'era, e arricchiva la terra di parole e di fatti.

LEUCOTEA. – Oh Circe, non ho i tuoi occhi ma qui voglio sorridere anch'io. Fosti ingenua. Gli avessi detto che il lupo e il maiale ti coprivano come una bestia, sarebbe caduto, si sarebbe imbestiato anche lui.

CIRCE. – Gliel'ho detto. Storse appena la bocca. Dopo un poco mi disse: «Purché non siano i miei compagni».

LEUCOTEA. – Dunque geloso.

CIRCE. – Non geloso. Teneva a loro. Capiva ogni cosa. Tranne il sorriso di noi dèi. Quel giorno che pianse sul mio letto non pianse per la paura, ma perché l'ultimo viaggio gli era imposto dal fato, era una cosa già saputa. «E allora perché farlo?» mi chiese cingendosi la spada e camminando verso il mare. Io gli portai l'agnella nera e, mentre i compagni piangevano, lui avvistò un volo di rondini sul tetto e mi disse: «Se ne vanno anche loro. Ma loro non san quel che fanno. Tu, signora, lo sai».

LEUCOTEA. – Nient'altro ti ha detto?

CIRCE. – Nient'altro.

LEUCOTEA. – Circe, perché non l'hai ucciso?

CIRCE. – Ah sono davvero una stupida. Qualche volta dimentico che noialtre sappiamo. E allora mi diverto come fossi ragazza. Come se tutte queste cose avvenissero ai grandi, agli Olimpici, e avvenissero così, inesorabili ma fatte di assurdo, d'improvviso. Quello che mai prevedo è appunto di aver preveduto, di sapere ogni volta quel che farò e quel che dirò – e quello che faccio e che dico diventa così sempre nuovo, sorprendente, come un gioco, come quel gioco degli scacchi che Odisseo m'insegnò, tutto regole e norme ma così bello e imprevisto, coi suoi pezzi d'avorio. Lui mi diceva sempre che quel gioco è la vita. Mi diceva che è un modo di vincere il tempo.

LEUCOTEA. – Troppe cose ricordi di lui. Non l'hai fatto maiale né lupo, e l'hai fatto ricordo.

CIRCE. – L'uomo mortale, Leucò, non ha che questo d'immortale. Il ricordo che porta e il ricordo che lascia. Nomi e parole sono questo. Davanti al ricordo sorridono anche loro, rassegnàti.

LEUCOTEA. – Circe, anche tu dici parole.

CIRCE. – So il mio destino, Leucò. Non temere.

Il toro

Tutti sanno che Teseo, di ritorno da Creta, finse di dimenticare sull'albero le nere vele segno di lutto, e così suo padre credendolo morto si precipitò in mare e gli lasciò il regno. Ciò è molto greco, altrettanto greco come la ripugnanza per ogni mistico culto di mostri.

(parlano Lelego e Teseo)

LELEGO. – Quel colle è la patria, signore.

TESEO. – Non c'è terra oltremare, avvistata nella luce del crepuscolo, che non sembri la vecchia collina.

LELEGO. – Vedendo il sole tramontare dietro l'Ida, un tempo brindammo anche noi.

TESEO. – Bello è tornare e bello andare, Lelego. Beviamo ancora. Beviamo al passato. Bella è ogni cosa abbandonata e ritrovata.

LELEGO. – Finché fummo nell'isola, tu non parlavi della patria. Non ripensavi a molte cose abbandonate. Vivevi anche tu alla giornata. E ti ho visto lasciar quella terra come avevi lasciato le case, senza volgerti indietro. Questa sera, ripensi al passato?

TESEO. – Noi siamo vivi, Lelego, e davanti a questo vino, sul mare di casa. A molte cose si ripensa in una simile sera, se anche domani il vino e il mare non basteranno a darci pace.

LELEGO. – Che cosa temi? si direbbe che non credi al tuo ritorno. Perché non dài ordine di calare le vele tenebrose e vestire di bianco la nave? L'hai promesso a tuo padre.

TESEO. – Abbiamo tempo, Lelego. Tempo domani. Mi piace sentirmi schioccare sul capo gli stessi teli di quando correvamo al pericolo e nessuno di voialtri sapeva se saremmo ritornati.

LELEGO. – Tu lo sapevi, Teseo?

TESEO. – Press'a poco... La mia scure non falla.

LELEGO. – Perché parli esitando?

TESEO. – Non parlo esitando. Penso alla gente che ignoravo e al grande monte e a quello che noi fummo nell'isola. Penso agli ultimi giorni nella reggia, quella casa tutta fatta di piazze, e i soldati mi chiamavano il re-toro, ricordi? Quel che si uccide si diventa, nell'isola. Cominciavo a capirli. Poi ci dissero che nei boschi dell'Ida c'eran le grotte degli dèi, dove nascevano e morivano gli dèi. Capisci, Lelego? in quell'isola si uccidono gli dèi, come le bestie. E chi li uccide si fa dio. Noi allora tentammo di salire sull'Ida...

LELEGO. – Si ha coraggio, lontano da casa.

TESEO. – E ci dissero cose incredibili. Le loro donne, quelle grandi donne bionde che passavano il mattino stese al sole sui terrazzi della reggia, salgono a notte sui prati dell'Ida e abbraccian gli alberi e le bestie. Ci restavano, a volte.

LELEGO. – Solamente le donne han coraggio nell'isola. Tu lo sai, Teseo.

TESEO. – C'è una cosa, che so. Preferisco le donne che stanno al telaio.

LELEGO. – Ma nell'isola non hanno telai. Compran tutto sul mare. Che vuoi che facciano le donne?

TESEO. – Non pensare agli dèi maturandosi al sole. Non cercare il divino nei tronchi e nel mare. Non rincorrere i tori. Prima ho creduto che la colpa ce l'avessero i padri, quei mercanti ingegnosi che si vestono come le donne e gli piace vedere i ragazzi volteggiare sui tori. Ma non è questo, non è tutto. È un altro sangue. Ci fu un tempo che l'Ida non conobbe che dee. Che una dea. Era il sole, era i tronchi, era il mare. E davanti alla dea gli dèi e gli uomini si sono schiacciati. Quando una donna sfugge l'uomo, e si ritrova dentro al sole e alla bestia, non è colpa dell'uomo. È il sangue guasto, è il caos.

LELEGO. – Lo puoi dire tu solo. Parli della straniera?

TESEO. – Anche di lei.

LELEGO. – Tu sei signore e quel che fai ci sembra giusto. Ma a noi pareva assoggettata e docile.

TESEO. – Troppo docile, Lelego. Docile come l'erba o come il mare. Tu la guardi e capisci che cede e nemmeno ti sente. Come i prati dell'Ida, dove ci s'inoltra con la mano sulla scure ma viene il momento che il silenzio ti soffoca e devi fermarti. Era un ansito come di belva acquattata. Anche il sole pareva all'agguato, anche l'aria. Con la gran Dea non si combatte. Non si combatte con la terra, col suo silenzio.

LELEGO. – So queste cose, come te. Ma la straniera ti ha fatto uscire dalla fossa. La straniera ha lasciato le case. Ciò non si fa tra sangue vivo e sangue guasto. La straniera seguendoti aveva lasciato i suoi dèi.

TESEO. – Ma non l'hanno lasciata gli dèi.

LELEGO. – Dicevi pure che li scannano sull'Ida.

TESEO. – E l'uccisore è nuovo dio. O Lelego, si può scannare dèi e tori nella grotta, ma quel divino che hai nel sangue non si uccide. Anche Ariadne era sangue dell'isola. Io la conobbi come il toro.

LELEGO. – Fosti crudele, Teseo. Che avrà detto, infelice, svegliandosi?

TESEO. – Oh lo so. Forse avrà urlato. Ma non conta. Invocato la patria, le sue case e i suoi dèi. La terra e il sole non le mancano. Noi stranieri per lei non siamo più nulla.

LELEGO. – Era bella, signore, era fatta di terra e di sole.

TESEO. – Noi invece non siamo che uomini. Sono certo che un dio, qualche dio dolce e ambiguo e dolente, di quei dèi che hanno gustato già la morte e la gran Dea porta nel grembo, le sarà inviato a consolarla. Sarà un tronco, un cavallo, un montone? sarà un lago o una nuvola? Tutto può darsi, sul suo mare.

LELEGO. – Io non so, qualche volta tu parli come fossi un ragazzo che gioca. Sei il signore e ti ascoltiamo. Altre volte sei vecchio e crudele. Si direbbe che l'isola ti ha lasciato qualcosa di sé.

TESEO. – Anche questo può darsi. Quel che si uccide si diventa, Lelego. Tu non ci pensi ma veniamo da lontano.

LELEGO. – Nemmeno il vino della patria ti riscalda?

TESEO. – Non siamo ancora giunti in patria.

In famiglia

Sono noti i luttuosi incidenti che hanno funestato la casa degli Atridi. Qui basterà ricordare alcune successioni. Da Tantalo nacque Pèlope; da Pèlope, Tieste e Atreo; da Atreo, Menelao e Agamennone; da quest'ultimo Oreste che uccise la madre. Che Artemide arcadica e marina godesse di uno speciale culto in questa famiglia (si pensi al sacrificio dell'atride Ifigenia, tentato dal padre), chi scrive ne è convinto e non da ieri.

(parlano Castore e Polideute)

CASTORE. – Ricordi, Poli, quando l'abbiamo tolta dalle mani di Teseo?

POLIDEUTE. – Valeva la pena...

CASTORE. – Allora era una bambina, e mi ricordo che correndo nella notte pensavo allo spavento che doveva provare in quel bosco sul cavallo di Teseo, inseguita da noi... Eravamo ingenui.

POLIDEUTE. – Adesso si è messa al sicuro.

CASTORE. – Adesso ha la forza dei Frigi e dei Dàrdani. Ha messo il mare tra sé e noi.

POLIDEUTE. – Passeremo anche il mare.

CASTORE. – Io ne ho abbastanza, Polideute. Non tocca più a noi. Ora è faccenda degli Atridi.

POLIDEUTE. – Passeremo il mare.

CASTORE. – Convìnciti, Poli. Non vale la pena. Non essere ingenuo. Lascia fare agli Atridi – l'avvenire li riguarda.

POLIDEUTE. – Ma è nostra sorella.

CASTORE. – Dovevamo saperlo che a Sparta non sarebbe rimasta. Non è donna da vivere in fondo a una reggia.

POLIDEUTE. – E che altro vuole, Castore?

CASTORE. – Non vuole nulla. È proprio questo. È la bambina ch'era allora. È incapace di prender sul serio un marito o una casa. Ma non serve rincorrerla. Vedrai che un giorno tornerà con noi.

POLIDEUTE. – Chi sa che faranno adesso gli Atridi per riscatto del sangue. Non è gente che sopporti un'ingiuria. Il loro onore è come quello degli dèi.

CASTORE. – Lascia stare gli dèi. È una famiglia che in passato si mangiavano tra loro. Cominciando da Tantalo che ha imbandito il figliolo...

POLIDEUTE. – Sono poi vere queste storie che raccontano?

CASTORE. – Sono degne di loro. Gente che vive nelle rocche di Micene e di Sparta e si mette una maschera d'oro; che è padrona del mare e lo vede solamente per le buche feritoie, è capace di tutto. Ti sei mai chiesto, Polideute, perché le loro donne – anche nostra sorella – dopo un po' inferociscono e smaniano, versano sangue e ne fanno versare? Le migliori non reggono. Non c'è un solo Pelopida – non uno – cui la sposa abbia chiuso gli occhi. Se questo è un onore di dèi...

POLIDEUTE. – L'altra nostra sorellina, Clitennestra, ci resiste.

CASTORE. – ... Aspettiamo la fine, a dire evviva.

POLIDEUTE. – Se tu sapevi tutto ciò, come hai potuto consentire a queste nozze?

CASTORE. – Io non ho consentito. Queste cose succedono. Ciascuno si trova la moglie che merita.

POLIDEUTE. – Che vuoi dire? che le donne sono degne di loro? nostra sorella avrebbe colpa?

CASTORE. – Smettila, Polideute. Nessuno ci ascolta. È evidente che gli Atridi e i loro padri hanno sempre sposato la medesima donna. Forse noi suoi fratelli non sappiamo ancor bene chi Elena sia. C'è voluto Teseo per darcene un saggio. Dopo di lui l'Atride. Ora Paride frigio. Io domando: possibile che sia tutto casuale? Sempre lei deve imbattersi in simili tipi? È evidente che è fatta per loro, come loro per lei.

POLIDEUTE. – Ma sei folle.

CASTORE. – Non c'è niente di folle. Se i Pelopidi han persa la testa – e qualcuno anche il collo – ci pensino loro. Sono stirpe di re marini che non escon di casa e amano comandare dalle alture. Forse un giorno hanno veduto il mondo. Tantalo, il primo, certo. Ma poi vissero chiusi con le donne e i mucchi d'oro, sospettosi e scontenti, incapaci di un gesto valido, nutriti dal mare su una povera terra, banchettatori, grassi. Ti stupisce che cercassero qualcosa di forte, di quasi selvaggio, da rinchiudere sul monte con sé? L'han sempre trovato.

POLIDEUTE. – Non capisco cosa c'entri la nostra sorella né perché dici ch'era fatta per Paride e Teseo.

CASTORE. – Per loro o per altri, Poli, non importa. È del destino degli Atridi che si parla. Né l'antica Ippodamia né le nuore hanno colpa se tutte quante si somigliano come una torma di cavalle. Si direbbe che nei tempi in quella famiglia lo stesso uomo ha ricercato sempre la stessa creatura. E l'ha trovata. Da Ippodamia di Enomào alle nostre sorelle tutte quante sono state costrette a lottare e difendersi. È evidente che questo ai Pelopidi piace. Non lo sapranno ma gli piace. Sono gente d'astuzia e di sangue. Sono grassi tiranni. Hanno bisogno di una donna che li frusti.

POLIDEUTE. – Dici sempre Ippodamia Ippodamia. Lo so anch'io che Ippodamia agitava i cavalli. Ma le nostre sorelle non c'entrano. La mano d'Elena è una mano di bambina che non ha mai stretto la sferza. Come può somigliarle?

CASTORE. – Noi delle donne, Polideute, non sappiamo gran cosa. Siamo cresciuti su con lei. Ci pare sempre la bambina che giocava alla palla. Ma per sentirsi selvagge e smaniose non è necessario agitare cavalli. Basta piacere a un Menelao, a un re del mare.

POLIDEUTE. – E che ha poi fatto di terribile Ippodamia?

CASTORE. – Trattava gli uomini come i cavalli. Convinse l'auriga ad ucciderle il padre. Fece uccidere da Pèlope l'auriga. Mise al mondo i fratelli omicidi. Diede il via a un torrente di sangue. Non fuggì dalle case, questo sì.

POLIDEUTE. – Ma non dicevi che la colpa fu di Pèlope?

CASTORE. – Dicevo che a Pèlope e ai suoi sono piaciute donne simili. Ch'eran fatte per loro.

POLIDEUTE. – Elena non uccide, e non fa uccidere.

CASTORE. – Ne sei certo, fratello? Ricòrdati quando l'abbiamo ritolta a Teseo – tre cavalli che correvano il bosco. Se non ci uccidemmo, fu perché come a ragazzi ci parve quasi di giocare. E, adesso, tu stesso ti chiedi quanto sangue verseranno gli Atridi.

POLIDEUTE. – Ma lei non istiga nessuno...

CASTORE. – Credi tu che Ippodamia istigasse l'auriga? Lei sorrise al suo servo e gli disse che il padre la voleva per sé. E non disse nemmeno che a lei dispiaceva... Per uccidere basta uno sguardo. Poi quando Mìrtilo si vide giocato dal figlio di Tantalo e volle gridare, bastò che Ippodamia dicesse al marito: «Lui sa ogni cosa di Enomào. Stacci attento». I Pelopidi godono di parole simili.

POLIDEUTE. – Tutte le donne dunque uccidono?

CASTORE. – Non tutte. Ce ne sono che chinano il capo, e la vita asservisce. Ma la rocca scatena anche queste. I Pelopidi uccidono e vengono uccisi. Hanno bisogno di frustare o esser frustati.

POLIDEUTE. – Nostra sorella si accontenta di fuggire.

CASTORE. – Tu lo credi, fratello? Ricorda Aeròpe, la moglie di Atreo...

POLIDEUTE. – Ma Aeròpe fu uccisa nel mare.

CASTORE. – Non senza aver prima istigato l'amante a rubare i tesori. Ecco una donna che la rocca rese folle. Una donna che avrebbe potuto passare la vita in tranquilla lussuria, ingrassando anche lei con l'amante. Ma l'amante era Tieste, e il marito era Atreo. Se l'erano scelta. Non la lasciarono salvarsi. La scatenarono anche lei. I Pelopidi han sete di furia.

POLIDEUTE. – Vuoi dire che nostra sorella l'uccideranno come adultera? che è anche lei lussuriosa?

CASTORE. – Lo fosse, Polideute, lo fosse. Ma non è lussurioso chi vuole. Non chi sposa un Atride. Non capisci, fratello, che costoro hanno posto la loro lussuria nell'abbraccio violento, nello schiaffo e nel sangue? Di una donna che è docile e vile non sanno che farsene. Hanno bisogno d'incontrare occhi freddi e omicidi, occhi che non s'abbassino. Come le buche feritoie. Come li ebbe Ippodamia.

POLIDEUTE. – Nostra sorella ha questo sguardo...

CASTORE. – Hanno bisogno della vergine crudele. Di quella che passa sui monti. Ogni donna che sposano è questo, per loro. Le imbandivano i figli, le scannavano figlie...

POLIDEUTE. – Sono cose passate.

CASTORE. – Le faranno ancora, Polideute.

Gli Argonauti

Il tempio sull'Acrocorinto, officiato da Ierodule, ci è ricordato anche da Pindaro. Che i giovani uccisori di mostri – compreso Teseo di Atene – abbiano tutti avuto guai da donne, si potrebbe supporlo se già la tradizione non lo suggerisse concorde. Di una delle più atroci, Medea – maga e gelosa e infanticida – ci parla a lungo e con calore Euripide in una cara tragedia.

(parlano Iasone e Mélita)

IASONE. – Spalanca pure la cortina, Mélita; sento la brezza che la gonfia. In un mattino come questo anche Iasone vuol vedere il cielo. Dimmi il mare com'è; dimmi che accade sull'acqua del porto.

MÉLITA. – O re Iasone, com'è bello di quassù. Le banchine sono fitte di gente: una nave s'allontana in mezzo alle barche. È così limpido che si riflette capovolta. Tu vedessi le bandiere e le corone; quanta gente. Stanno perfino arrampicati sulle statue. Ho il sole negli occhi.

IASONE. – Saran venute anche le tue compagne, a salutarli. Le vedi, Mélita?

MÉLITA. – Non so, vedo tanti. E i marinai che ci salutano, piccini, attaccati alle funi.

IASONE. – Salutali, Mélita, dev'essere la nave di Cipro. Passeranno dalle tue isole. E con la fama di Corinto e del suo tempio, parleranno anche di te.

MÉLITA. – Che vuoi che dicano di me, signore? Chi vuoi che nelle isole si ricordi di me?

IASONE. – I giovani hanno sempre chi li ricorda. Si ripensa volentieri a chi è giovane. E gli dèi, non sono giovani? Per questo tutti li ricordiamo e li invidiamo.

MÉLITA. – Li serviamo, re Iasone. E anch'io servo la dea.

IASONE. – Ci sarà pure qualcuno, Mélita, un ospite, un marinaio, che sale al tempio per giacersi con te, non con altre. Qualcuno che parte del dono lo lascia a te sola. Io sono vecchio, Mélita, e non posso salire lassù, ma un tempo in Iolco – tu non eri ancor nata – avrei salito altro che un monte per trovarmi con te.

MÉLITA. – Tu comandi e noialtre ubbidiamo... Oh, la nave apre le vele. È tutta bianca. Vieni a vederla, re Iasone.

IASONE. – Resta tu alla finestra, Mélita. Io ti guardo mentre guardi la nave. È come se vi vedessi prendere il vento insieme. Io tremerei nella mattina. Sono vecchio. Vedrei troppe cose se guardassi laggiù.

MÉLITA. – La nave si piega nel sole. Come vola adesso! pare un colombo.

IASONE. – E va soltanto fino a Cipro. Da Corinto, dalle isole, ora salpano navi che solcano il mare. C'era un tempo che questo mare era tutto deserto. Noi per primi l'abbiamo violato. Tu non eri ancora nata. Quanto sembra lontano.

MÉLITA. – Ma è credibile, signore, che nessuno avesse osato attraversarlo?

IASONE. – C'è una verginità delle cose, Mélita, che fa paura più del rischio. Pensa all'orrore delle vette dei monti, pensa all'eco.

MÉLITA. – Non andrò mai sulle montagne. Ma non ci credo che il mare facesse paura a qualcuno.

IASONE. – Non ce la fece, infatti. Noi partimmo da Iolco una mattina come questa, ed eravamo tutti giovani e avevamo gli dèi dalla nostra. Era bello varcare, senza pensare all'indomani. Poi cominciarono i prodigi. Era un mondo più giovane, Mélita, i giorni come chiare mattine, le notti di tenebra spessa – dove tutto poteva succedere. Di volta in volta i prodigi erano fonti, erano mostri, erano uomini o rupi. Di noi ne scomparvero, qualcuno morì. Ogni approdo era un lutto. Ogni mattina il mare era più bello, più vergine. La giornata passava nell'attesa. Poi vennero piogge, vennero nebbie e schiume nere.

MÉLITA. – Queste cose si sanno.

IASONE. – Non era il mare il rischio. Noi s'era capito, d'approdo in approdo, che quel lungo cammino ci aveva cresciuti. Eravamo più forti e staccati da tutto – eravamo come dèi, Mélita – ma appunto questo ci attirava a far cose mortali. Sbarcammo al Fasi, su prati di còlchici. Ah ero giovane allora, e guardavo la sorte.

MÉLITA. – Quando si parla di voialtri, dentro il tempio, si abbassa la voce.

IASONE. – Qualche volta si ride, lo so, Mélita. Corinto è un'allegra città. E si dice, lo so: «Quando quel vecchio smetterà di chiacchierare dei suoi dèi? Tanto son morti come gli altri». E Corinto vuol vivere.

MÉLITA. – Noi si parla della maga, re Iasone, di quella donna che qualcuno ha conosciuto. Oh dimmi com'era.

IASONE. – Tutti conoscono una maga, Mèlita, tranne a Corinto dove il tempio insegna a ridere. Tutti noialtri, vecchi o morti, conoscemmo una maga.

MÉLITA. – Ma la tua, re Iasone?

IASONE. – Violammo il mare, distruggemmo mostri, mettemmo piede sui prati del còlchico – una nube d'oro sfavillava nella selva – eppure morimmo ciascuno di un'arte di maga, ciascuno per l'incanto o la passione di una maga. La testa di uno di noialtri finì lacerata e stroncata in un fiume. E qualcuno ora è vecchio – e ti parla – che vide i suoi figli sacrificati dalla madre furente.

MÉLITA. – Dicono che non è morta, signore, che i suoi incanti hanno vinto la morte.

IASONE. – È il suo destino, e non l'invidio. Respirava la morte e la spargeva. Forse è tornata alle sue case.

MÉLITA. – Ma come ha potuto toccare i suoi figli? Deve aver pianto molto...

IASONE. – Non l'ho mai vista piangere. Medea non piangeva. E sorrise soltanto quel giorno quando disse che mi avrebbe seguito.

MÉLITA. – Eppure ti ha seguito, re Iasone, ha lasciato la patria e le case, e accettato la sorte. Fosti crudele come un giovane, anche tu.

IASONE. – Ero giovane, Mélita. E a quei tempi nessuno rideva di me. Ma ancora non sapevo che la saggezza è la vostra, quella del tempio, e chiedevo alla dea le cose impossibili. E cos'era impossibile per noi, distruttori del drago, signori della nuvola d'oro? Si fa il male per essere grandi, per essere dèi.

MÉLITA. – E perché vostra vittima è sempre una donna?

IASONE. – Piccola Mélita, tu sei del tempio. E non sapete che nel tempio – nel vostro – l'uomo sale per essere dio almeno un giorno, almeno un'ora, per giacere con voi come foste la dea? Sempre l'uomo pretende di giacere con lei – poi s'accorge che aveva a che fare con carne mortale, con la povera donna che voi siete e che son tutte. E allora s'infuria – cerca altrove di esser dio.

MÉLITA. – Eppure c'è chi si contenta, signore.

IASONE. – sì, chi è vecchio anzitempo o chi sale da voi. Ma non prima di aver tutto tentato. Non chi ha visto altri giorni. Hai sentito parlare del figlio d'Egeo, che discese nell'Ade a rapir Persefòne – il re d'Atene che morì scagliato in mare?

MÉLITA. – Ne parlano quelli del Fàlero. Fu anche lui navigatore come te.

IASONE. – Piccola Mélita, fu quasi un dio. E trovò la sua donna oltremare, una donna che – come la maga – l'aiutò nell'impresa mortale. L'abbandonò su un'isola, un mattino. Poi vinse altre imprese e altri cieli, ed ebbe Antiope, la lunare, un'amazzone indocile. E poi Fedra, luce del giorno, e anche questa si uccise. E poi Elena, figlia di Leda. E altre ancora. Fin che tentò di conquistare Persefòne dalle fauci dell'Ade. Una soltanto non ne volle, che fuggì da Corinto – l'assassina dei figli – la maga, lo sai.

MÉLITA. – Ma tu, signore, la ricordi. Tu sei più buono di quel re. Tu da allora non hai più fatto piangere.

IASONE. – Ho imparato a Corinto, a non essere un dio. E conosco te, Mélita.

MÉLITA. – O Iasone, che cosa son io?

IASONE. – Una piccola donna marina, che discende dal tempio quando il vecchio la chiama. E anche tu sei la dea.

MÉLITA. – Io la servo.

IASONE. – L'isola del tuo nome, in occidente, è un gran santuario della dea. Tu lo sai?

MÉLITA. – È un nome piccolo, signore, che mi han dato per gioco. A volte penso a quei bei nomi delle maghe, delle donne infelici che han pianto per voi...

IASONE. – Megàra Iole Auge Ippòlita Onfàle Deiàneira... Sai chi fecero piangere?

MÉLITA. – Oh ma quello fu un dio. E adesso vive fra gli dèi.

IASONE. – Così si racconta. Povero Eracle. Era anche lui con noi. Non lo invidio.

La vigna

Ariadne, abbandonata da Teseo dopo l'avventura del labirinto, venne raccolta sull'isola di Nasso da Dioniso di ritorno dall'India, e finì in cielo tra le costellazioni.

(parlano Leucotea e Ariadne)

LEUCOTEA. – Piangerai per molto tempo ancora, Ariadne?

ARIADNE. – O tu di dove vieni?

LEUCOTEA. – Dal mare, come te. Dunque, hai smesso di piangere?

ARIADNE. – Non sono più sola.

LEUCOTEA. – Credevo che voi donne mortali piangeste soltanto quando qualcuno vi ascolta.

ARIADNE. – Per una ninfa, sei cattiva.

LEUCOTEA. – Così, se n'è andato anche lui? Perché credi che ti abbia lasciata?

ARIADNE. – Non mi hai detto chi sei.

LEUCOTEA. — Una donna che ha fatto quel che tu non hai fatto. Ho tentato di uccidermi in mare. Mi chiamavano Ino. Una dea mi ha salvata. Ora sono la ninfa dell'isola.

ARIADNE. — Che vuoi da me?

LEUCOTEA. — Se mi parli così, già lo sai. Vengo a dirti che il tuo caro ragazzo dalle belle parole e dai ricci violetti, se n'è andato per sempre. Ti ha piantata. La vela nera che è scomparsa sarà l'ultimo ricordo che ti lascia. Corri, strilla, dibattiti, è fatta.

ARIADNE. — Anche te hanno piantato, ché hai cercato di ucciderti?

LEUCOTEA. — Non si tratta di me. Ma non meriti il discorso che ti faccio. Tu sei sciocca e testarda.

ARIADNE. — Senti, ninfa del mare, che tu deva parlarmi, non so. Quello che dici è poco o troppo. Se vorrò uccidermi, saprò farlo da sola.

LEUCOTEA. — Credi a me, scioccherella. Il tuo dolore non è nulla.

ARIADNE. — E perché vieni a dirmelo?

LEUCOTEA. — Per che credi che lui ti abbia lasciata?

ARIADNE. — O ninfa, smettila...

LEUCOTEA. — Ecco, piangi. Così almeno è più facile. Non parlare, non serve. Così se ne vanno sciocchezza e superbia. Così il tuo dolore compare per quello che è. Ma finché il cuore non ti scoppierà, finché non latrerai come una cagna e vorrai spegnerti nel mare come un tizzo, non potrai dire di conoscere il dolore.

ARIADNE. – M'è già scoppiato... il cuore...

LEUCOTEA. – Piangi soltanto, non parlare... Tu non sai nulla. Altro ti attende.

ARIADNE. – Come ti chiami adesso, ninfa?

LEUCOTEA. – Leucotea. Capiscimi, Ariadne. La vela nera se n'è andata per sempre. Questa storia è finita.

ARIADNE. – È la mia vita che finisce.

LEUCOTEA. – Altro ti attende. Tu sei sciocca. Non veneravi nessun dio nella tua terra?

ARIADNE. – Quale dio può ridarmi la nave?

LEUCOTEA. – Ti domando che dio conoscevi.

ARIADNE. – C'è un monte in patria che incuteva spavento anche a quelli della nave. Là sono nati grandi dèi. Li adoriamo. Li ho già tutti invocati, ma nessuno mi aiuta. Che farò? dimmi tu.

LEUCOTEA. – Che cosa attendi dagli dèi?

ARIADNE. – Non attendo più nulla.

LEUCOTEA. – E allora ascolta. Qualcuno si è mosso.

ARIADNE. — Che vuoi dire?

LEUCOTEA. — Se ti parlo, qualcuno si è mosso.

ARIADNE. — Tu sei solo una ninfa.

LEUCOTEA. — Può darsi che una ninfa annunci un gran dio.

ARIADNE. — Chi, Leucotea, chi mai?

LEUCOTEA. — Pensi al dio o al bel ragazzo?

ARIADNE. — Non lo so. Come dici? Io mi prostro agli dèi.

LEUCOTEA. — Dunque hai capito. È un nuovo dio. È il più giovane di tutti gli dèi. Ti ha veduta e gli piaci. Lo chiamano Dioniso.

ARIADNE. — Non lo conosco.

LEUCOTEA. — È nato a Tebe e corre il mondo. È un dio di gioia. Tutti lo seguono e lo acclamano.

ARIADNE. — È potente?

LEUCOTEA. — Uccide ridendo. Lo accompagnano i tori e le tigri. La sua vita è una festa e gli piaci.

ARIADNE. — Ma come mi ha vista?

LEUCOTEA. — Chi può dirlo. Tu sei mai stata in un vigneto in costa a un colle lungo il mare, nell'ora lenta che la terra dà il suo odore? Un odore rasposo e tenace, tra di fico e di pino? Quando l'uva matura, e l'aria pesa di mosto? O hai mai guardato un melograno, frutto e fiore? Qui regna Dioniso, e nel fresco dell'edera, nei pineti e nelle aie.

ARIADNE. – Non c'è un luogo solitario abbastanza che gli dèi non ci vedano?

LEUCOTEA. – Cara mia, ma gli dèi sono il luogo, sono la solitudine, sono il tempo che passa. Verrà Dioniso, e ti parrà di esser rapita da un gran vento, come quei turbini che passano sulle aie e nei vigneti.

ARIADNE. – Quando verrà?

LEUCOTEA. – Cara, io lo annuncio. Per questo la nave è fuggita.

ARIADNE. – E a te chi l'ha detto?

LEUCOTEA. – Sono di Tebe, Ariadne. Sono sorella di sua madre.

ARIADNE. – Nella mia patria si racconta che sull'Ida nascevano dèi. Nessun mortale è mai salito oltre gli ultimi boschi. Noi temiamo anche l'ombra che cade dal monte. Come posso accettare le cose che dici?

LEUCOTEA. – Tu hai molto osato, piccola. Non era per te come un dio anche colui dai ricci viola?

ARIADNE. – Gli ho salvato la vita, a questo dio. Che ne ho avuto?

LEUCOTEA. – Molte cose. Hai tremato e sofferto. Hai pensato a morire. Hai saputo che cosa è un risveglio. Ora sei sola e aspetti un dio.

ARIADNE. – E lui com'è? molto crudele?

LEUCOTEA. – Tutti gli dèi sono crudeli. Che vuol dire? Ogni cosa divina è crudele. Distrugge l'essere caduco che resiste. Per svegliarti più forte, devi cedere al sonno. Nessun dio sa rimpiangere nulla.

ARIADNE. – Il dio tebano... questo tuo... hai detto che uccide ridendo?

LEUCOTEA. – Chi gli resiste. Chi gli resiste s'annienta. Ma non è più spietato degli altri. Sorridere è come il respiro per lui.

ARIADNE. – Non è diverso da un mortale.

LEUCOTEA. – Anche questo è un risveglio, bambina. Sarà come amare un luogo, un corso d'acqua, un'ora del giorno. Nessun uomo val tanto. Gli dèi durano finché durano le cose che li fanno. Fin che le capre salteranno tra i pini e i vigneti, ti piacerà e gli piacerai.

ARIADNE. – Morirò come tutte le capre.

LEUCOTEA. – Sulle vigne, di notte, ci sono anche stelle. È un dio notturno che ti aspetta. Non temere.

Gli uomini

Di Cratos e Bia – il Potere e la forza – dice Esiodo che «la casa non è lontana da Zeus», in premio dell'aiuto che gli diedero nella lotta contro i Titani. Tutti sanno della fuga di Zeus e dei suoi molti casi.

(parlano Cratos e Bia)

CRATOS. – Se n'è andato e cammina tra gli uomini. Prende la strada delle valli, e si sofferma tra le vigne o in riva al mare. Qualche volta si spinge fino alle porte di una città. Nessuno direbbe che è Padre e Signore. Mi chiedo a volte cosa vuole, cosa cerca. Dopo che tanto si è lottato per dargli il mondo – le campagne, le vette e le nubi – nelle mani. Potrebbe sedere quassù indisturbato. Nossignore. Cammina.

BIA. – Che c'è di strano? Chi è signore si scapriccia.

CRATOS. – Lontano dal monte e da noi, lo capisci? E deve a noialtri, servi suoi, se è signore. S'accontenti che il mondo lo teme e lo prega. Che gli fanno quei piccoli uomini?

BIA. – Sono parte del mondo anche loro, mio caro.

CRATOS. – Non so, qualcosa non è più com'era prima. Nostra madre lo disse: «Verrà come la bufera, e le stagioni cambieranno». Questo figlio del Monte che comanda col cenno, non è più come i vecchi signori – la Notte, la Terra, il vecchio Cielo o il

Caos. Si direbbe che il mondo è diviso. Un tempo le cose accadevano. Di ogni cosa veniva la fine, ed era un tutto che viveva. Adesso invece c'è una legge e c'è una mente. Lui s'è fatto immortale e con lui noi suoi servi. Anche i piccoli uomini pensano a noi; sanno che devono morire e ci contemplano. E fin qui li capisco, è per questo che abbiamo combattuto i Titani. Ma che lui, il celeste che sopra il Monte ci promise questi doni, lasci le vette e se ne vada a scapricciarsi ogni momento e farsi uomo tra gli uomini, a me non piace. E a te, sorella?

BIA. – Non sarebbe signore se la legge che ha fatto non potesse interromperla. Ma l'interrompe poi davvero?

CRATOS. – Non lo capisco, questo è il fatto. Quando noi ci buttammo sui monti, lui sorrideva come avesse già vinto. Combatteva con cenni e con brevi parole. Non disse mai di esser sdegnato; il suo nemico era già a terra e lui ancora sorrideva. Schiacciò così Titani e uomini. Allora mi piacque; non ebbe pietà. E sorrise così un'altra volta: quando pensò di dare agli uomini la donna, la Pandora, per punirli del furto del fuoco. Com'è possibile che adesso si compiaccia di vigne e città?

BIA. – Forse la donna, la Pandora, non è solo un malanno. Perché non vuoi che si compiaccia di costei, se fu un suo dono?

CRATOS. – Ma tu sai cosa sono gli uomini? Miserabili cose che dovranno morire, più miserabili dei vermi o delle foglie dell'altr'anno che son morti ignorandolo. Loro invece lo sanno e lo dicono, e non smettono mai d'invocarci, di volerci strappare un favore o uno sguardo, di accenderci fuochi, proprio quei fuochi che han rubato dentro il cavo della canna. E con le donne, con le offerte, coi canti e le belle parole, hanno ottenuto che noialtri, gli immortali, che qualcuno di noi discendesse tra loro, li guardasse benigno, ne avesse figlioli. Capisci il calcolo, l'astuzia miserabile e sfrontata? Ti persuadi perché mi ci scaldo?

BIA. – Lo disse la madre, e lo dici tu stesso, che il mondo è mutato. Non da oggi il Signore dei monti discende tra gli uomini. Dimentichi forse che visse nei tempi fuggiasco su un'isola del mare, e là morì e venne sepolto, come allora toccava agli dèi?

CRATOS. – Queste cose si sanno.

BIA. – Ma non ne segue che il suo cenno sia scaduto. Sono invece scaduti i signori del Caos, quelli che un tempo hanno regnato senza legge. Prima l'uomo la belva e anche il sasso era dio. Tutto accadeva senza nome e senza legge. Ci voleva la fuga del dio, la grossa empietà del suo confino tra gli uomini quando ancora era bimbo e poppava alla capra, e poi la crescita sul monte tra le selve, le parole degli uomini e le leggi dei popoli, e il dolore la morte e il rimpianto, per fare del figlio di Crono il buon Giudice, la Mente immortale e inquieta. Tu credi di averlo aiutato a schiacciare i Titani? Se l'hai detto tu stesso: combatteva come avesse già vinto. Il bambino rinato divenne signore vivendo tra gli uomini.

CRATOS. – E sia pure. La legge valeva la pena. Ma perché insiste a ritornarci ora che è il re di tutti noi?

BIA. – Fratello fratello, vuoi capirla che il mondo, se pure non è più divino, proprio per questo è sempre nuovo e sempre ricco, per chi ci discende dal Monte? La parola dell'uomo, che sa di patire e si affanna e possiede la terra, rivela a chi l'ascolta meraviglie. Gli dèi giovani, venuti sui signori del Caos, tutti camminano la terra fra gli uomini. E se pure qualcuno conserva l'amore dei luoghi montani, delle grotte, dei cieli selvaggi, questo fanno perché adesso gli uomini sono giunti anche là e la loro voce ama violare quei silenzi.

CRATOS. – Passeggiasse soltanto, il figlio di Crono. Ascoltasse e punisse, secondo la legge. Ma com'è che s'induce a godere e lasciarsi godere, com'è che ruba donne e figli a quei mortali?

BIA. – Se tu ne avessi conosciuti, capiresti. Sono poveri vermi ma tutto fra loro è imprevisto e scoperta. Si conosce la bestia, si conosce l'iddio, ma nessuno, nemmeno noialtri, sappiamo il fondo di quei cuori. C'è persino, tra loro, chi osa mettersi contro il destino. Soltanto vivendo con loro e per loro si gusta il sapore del mondo.

CRATOS. – O delle donne, delle figlie di Pandora, quelle bestie?

BIA. – Donne o bestie, è lo stesso. Cosa credi di dire? Sono il frutto più ricco della vita mortale.

CRATOS. – Ma Zeus le accosta come bestia o come dio?

BIA. – Sciocco, le accosta come uomo. È tutto qui.

Il mistero

Che i misteri eleusini presentassero agli iniziati un divino modello dell'immortalità nelle figure di Dioniso e Demetra (e Core e Plutone) piace a tutti sentirlo. Quel che piace di meno è sentir ricordare che Demetra è la spiga – il pane – e Dioniso l'uva – il vino. «Prendete e mangiate...»

(parlano Dioniso e Demetra)

DIONISO. – Questi mortali sono proprio divertenti. Noi sappiamo le cose e loro le fanno. Senza di loro mi chiedo che cosa sarebbero i giorni. Che cosa saremmo noi Olimpici. Ci chiamano con le loro vocette, e ci dànno dei nomi.

DEMETRA. – Io fui prima di loro, e ti so dire che si stava soli. La terra era selva, serpenti, tartarughe. Eravamo la terra, l'aria, l'acqua. Che si poteva fare? Fu allora che prendemmo l'abitudine di essere eterni.

DIONISO. – Questo con gli uomini non succede.

DEMETRA. – È vero. Tutto quello che toccano diventa tempo. Diventa azione. Attesa e speranza. Anche il loro morire è qualcosa.

DIONISO. – Hanno un modo di nominare se stessi e le cose e noialtri che arricchisce la vita. Come i vigneti che han saputo piantare su queste colline. Quando ho portato il tralcio a Eleusi io non credevo che di brutti pendii sassosi avrebbero fatto un così dolce paese. Così è del grano, così dei giardini. Dappertutto dove spendono fatiche e parole nasce un ritmo, un senso, un riposo.

DEMETRA. – E le storie che sanno raccontare di noi? Mi chiedo alle volte se io sono davvero la Gaia, la Rea, la Cìbele, la Madre Grande, che mi dicono. Sanno darci dei nomi che ci rivelano a noi stessi, Iacco, e ci strappano alla greve eternità del destino per colorirci nei giorni e nei paesi dove siamo.

DIONISO. – Per noi tu sei sempre Deò.

DEMETRA. – Chi direbbe che nella loro miseria hanno tanta ricchezza? Per loro io sono un monte selvoso e feroce, sono nuvola e grotta, sono signora dei leoni, delle biade e dei tori, delle rocche murate, la culla e la tomba, la madre di Core. Tutto devo a loro.

DIONISO. – Anche di me parlano sempre.

DEMETRA. – E non dovremmo, Iacco, aiutarli di più, compensarli in qualche modo, essere accanto a loro nella breve giornata che godono?

DIONISO. – Tu gli hai dato le biade, io la vite, Deò. Lasciali fare. C'è bisogno d'altro?

DEMETRA. – Io non so come, ma quel che ci esce dalle mani è sempre ambiguo. È una scure a due tagli. Il mio Trittòlemo per poco non si è fatto scannare dall'ospite sciita cui recava il frumento. E anche tu, sento, ne fai scorrere di sangue innocente.

DIONISO. – Non sarebbero uomini, se non fossero tristi. La loro vita deve pur morire. Tutta la loro ricchezza è la morte, che li costringe a industriarsi, a ricordare e prevedere. E poi non credere, Deò, che il loro sangue valga più del frumento o del vino con cui lo nutriamo. Il sangue è vile, sporco, meschino.

DEMETRA. – Tu sei giovane, Iacco, e non sai che è nel sangue che ci hanno trovato. Tu corri il mondo irrequieto, e la morte è per te come vino che esalta. Ma non pensi che tutto i mortali han sofferto quel che raccontano di noi. Quante madri mortali han perduto la Core e non l'hanno riavuta mai più. Oggi ancora l'omaggio più ricco che san farci è versare del sangue.

DIONISO. – Ma è un omaggio, Deò? Tu sai meglio di me che uccidendo la vittima credevano un tempo di uccidere noi.

DEMETRA. – E puoi fargliene un torto? Per questo ti dico che ci hanno trovati nel sangue. Se per loro la morte è la fine e il principio, dovevano ucciderci per vederci rinascere. Sono molto infelici, Iacco.

DIONISO. – Tu credi? A me paiono balordi. O forse no. Visto che tanto son mortali, dànno un senso alla vita uccidendosi. Loro le storie devon viverle e morirle. Prendi il fatto d'Icario...

DEMETRA. – Quella povera Erìgone...

DIONISO. – sì, ma Icario si è fatto ammazzare perché l'ha voluto. Forse ha pensato che il suo sangue fosse vino. Vendemmiava, pigiava e svinava come un folle. Era la prima volta che su un'aia vedevano schiumare del mosto. Ne hanno spruzzato le siepi, i muri, le vanghe. Anche Erìgone c'immerse le mani. Poi perché questo vecchio balordo va nei campi, dai pastori, a farli bere? Questi, ubriachi, avvelenati, inferociti, l'hanno sbranato sulla siepe come un capro e poi l'hanno sepolto perché fosse altro vino. Lui lo sapeva e l'ha voluto. Doveva stupirsi la figlia, che aveva gustato quel vino? Lo sapeva anche lei. Che altro poteva, per finire questa storia, che impiccarsi nel sole come un grappolo d'uva? Non c'è niente di triste. I mortali raccontano le storie col sangue.

DEMETRA. – E ti pare che questo sia degno di noi? Ti sei pur chiesto che cosa saremmo senza di loro, sai che un giorno potranno stancarsi di noi dèi. Vedi dunque che il sangue, questo sangue meschino, t'importa.

DIONISO. – Ma che vuoi che gli diamo? Qualunque cosa ne faranno sempre sangue.

DEMETRA. – C'è un solo modo, e tu lo sai.

DIONISO. – Di'.

DEMETRA. – Dare un senso a quel loro morire.

DIONISO. – Come dici?

DEMETRA. – Insegnargli la vita beata.

DIONISO. – Ma è un tentare il destino, Deò. Sono mortali.

DEMETRA. – Sta' a sentire. Verrà il giorno che ci penseranno da soli. E lo faranno senza noi, con un racconto. Parleranno di uomini che hanno vinto la morte. Già qualcuno di loro l'han messo nel cielo, qualcuno scende nell'inferno ogni sei mesi. Uno di loro ha combattuto con la Morte e le ha strappato una creatura... Capiscimi, Iacco. Faranno da soli. E allora noi ritorneremo quel che fummo: aria, acqua e terra.

DIONISO. – Non vivranno più a lungo, per questo.

DEMETRA. – Sciocco ragazzo, cosa credi? Ma morire avrà un senso. Moriranno per rinascere anche loro, e non avranno più bisogno di noialtri.

DIONISO. – Che vuoi fare, Deò?

DEMETRA. – Insegnargli che ci possono eguagliare di là dal dolore e dalla morte. Ma dirglielo noi. Come il grano e la vite discendono all'Ade per nascere, così insegnargli che la morte anche per loro è nuova vita. Dargli questo racconto. Condurli per questo racconto. Insegnargli un destino che s'intrecci col nostro.

DIONISO. – Moriranno lo stesso.

DEMETRA. – Moriranno e avran vinta la morte. Vedranno qualcosa oltre il sangue, vedranno noi due. Non temeranno più la morte e non avranno più bisogno di placarla versando altro sangue.

DIONISO. – Si può farlo, Deò, si può farlo. Sarà il racconto della vita eterna. Quasi li invidio. Non sapranno il destino e saranno immortali. Ma non sperare che si stagni il sangue.

DEMETRA. – Penseranno soltanto all'eterno. Se mai, c'è il pericolo che trascurino queste ricche campagne.

DIONISO. – Intanto. Ma una volta che il grano e la vigna avranno il senso della vita eterna, sai che cosa gli uomini vedranno nel pane e nel vino? Carne e sangue, come adesso, come sempre. E carne e sangue gronderanno, non più per placare la morte, ma per raggiungere l'eterno che li aspetta.

DEMETRA. – Si direbbe che vedi il futuro. Come puoi dirlo?

DIONISO. – Basta avere veduto il passato, Deò. Credi a me. Ma ti approvo. Sarà sempre un racconto.

Il diluvio

Anche il diluvio greco fu il castigo di un genere umano che aveva perso il rispetto per gli dèi. Si sa che la terra venne poi ripopolata lanciando certi sassi.

(parlano un satiro e un'amadriade)

AMADRIADE. – Mi domando cosa dicono di quest'acqua i mortali.

SATIRO. – Che ne sanno? La prendono. Qualcuno ci spera magari un migliore raccolto.

AMADRIADE. – A quest'ora la piena dei fiumi ha cominciato a sradicare le piante. Ormai piove sull'acqua dappertutto.

SATIRO. – Stanno tappati nelle grotte e nei tuguri sui monti. Ascoltano piovere. Pensano a quelli delle valli che combattono l'acqua, e s'illudono.

AMADRIADE. – Fin che dura la notte s'illudono. Ma domani, nella luce paurosa, quando vedranno un solo mare fino al cielo, e le montagne impiccolite, non rientreranno nelle grotte. Guarderanno. Si butteranno un sacco in testa e guarderanno.

SATIRO. – Li confondi con le bestie selvatiche. Nessun mortale sa capire che muore e guardare la morte. Bisogna che corra, che pensi, che dica. Che parli a quelli che rimangono.

AMADRIADE. – Ma stavolta nessuno rimane. Come faranno dunque?

SATIRO. – Qui li voglio. Quando sapranno di esser tutti condannati, tutti quanti, si daranno a far festa, vedrai. Magari verranno a cercare noialtri.

AMADRIADE. – O noi, che c'entriamo?

SATIRO. – C'entriamo sì. Siamo la festa, siamo vita per loro. Cercheranno la vita con noi fino all'ultimo.

AMADRIADE. – Non capisco che vita possiamo dar loro. Non sappiamo nemmeno morire. Tutto quanto sappiamo è guardare. Guardare e sapere. Ma tu dici che loro non guardano e non sanno rassegnarsi. Che altro possono chiederci?

SATIRO. – Tante cose, capretta. Per loro noi siamo come bestie selvatiche. Le bestie nascono e muoiono come le foglie. Noi c'intravvedono sparire fra i rami e allora credono di noi non so che divino – che quando fuggiamo a nasconderci siamo la vita che perdura nel bosco – una vita come la loro ma perenne, più ricca. Cercheranno noi, ti dico. Sarà l'ultima speranza che avranno.

AMADRIADE. – Con quest'acqua? E che cosa faranno?

SATIRO. – Non lo sai che cos'è una speranza? Crederanno che un bosco dove siamo anche noi non potrà andar sommerso. Si diranno che tutti proprio tutti gli uomini non potranno sparire, altrimenti che senso ha esser nati e averci conosciuto? Sapranno che i grandi, gli Olimpici, li vogliono morti, ma che noi come loro come le piccole bestie, siamo insomma la vita la terra la cosa vera che conta. Le loro stagioni si riducono a feste, e noi siamo le feste.

AMADRIADE. — È comodo. A loro la speranza, a noi il destino. Ma è sciocco.

SATIRO. — Non tanto. Qualche cosa salveranno.

AMADRIADE. — sì ma chi ha provocato gli dèi grandi? Chi ha fatto tutto quel disordine, che anche il sole si velava la faccia? Tocca a loro, mi pare. Gli sta bene.

SATIRO. — Su, capretta, credi proprio a queste cose? Non pensi che, se avessero veramente violata la vita, sarebbe bastata la vita a punirli, senza bisogno che l'Olimpo ci si mettesse col diluvio? Se qualcuno ha violato qualcosa, credi a me, non sono loro.

AMADRIADE. — Intanto gli tocca morire. Come staranno domani quando sapranno quel che accade?

SATIRO. — Senti il torrente, piccolina. Domani saremo sott'acqua anche noi. Ne vedrai delle brutte, tu che ami guardare. Meno male che non possiamo morire.

AMADRIADE. — Alle volte, non so. Mi chiedo che cosa sarebbe morire. Quest'è l'unica cosa che davvero ci manca. Sappiamo tutto e non sappiamo questa semplice cosa. Vorrei provare, e poi svegliarmi, si capisce.

SATIRO. – Sentila. Ma morire è proprio questo – non più sapere che sei morta. Ed è questo il diluvio: morire in tanti che non resti più nessuno a saperlo. Così succede che verranno a cercare noialtri e ci diranno di salvarli e vorranno esser simili a noi, alle piante, alle pietre – alle cose insensibili che sono mero destino. In esse si salveranno. Ritirandosi l'acqua, riemergeranno pietre e tronchi, come prima. E i mortali non chiedono che questo come prima.

AMADRIADE. – Strana gente. Loro trattano il destino e l'avvenire, come fosse un passato.

SATIRO. – Questo vuol dire, la speranza. Dare un nome di ricordo al destino.

AMADRIADE. – E tu credi che davvero si faranno tronchi e pietre?

SATIRO. – Sanno favoleggiare, i mortali. Vivranno nell'avvenire secondo che il terrore di stanotte e di domani li avrà fatti fantasticare. Saran bestie selvatiche e rocce e piante. Saranno dèi. Oseranno uccidere gli dèi per vederli rinascere. Si daranno un passato per sfuggire alla morte. Non ci sono che queste due cose – la speranza o il destino.

AMADRIADE. – Quand'è così, non so compiangerli. Dev'essere bello farsi da sé in questo modo a capriccio.

SATIRO. – È bello sì. Ma non credere che lo sappiano di fare a capriccio. Le salvezze più straordinarie le trovano alla cieca, quando già sono ghermiti e schiacciati dal destino. Non han tempo a godersi il capriccio. Sanno soltanto di pagare di persona. Questo sì.

AMADRIADE. – Almeno questo diluvio servisse a insegnargli cos'è il gioco e la festa. Il capriccio che a noi immortali viene imposto dal destino e lo sappiamo – perché non imparano a viverlo come un attimo eterno nella loro miseria? Perché non capiscono che proprio la loro labilità li fa preziosi?

SATIRO. – Tutto non si può avere, piccola. Noi che sappiamo, non abbiamo preferenze. E loro che vivono istanti imprevisti, unici, non ne conoscono il valore. Vorrebbero la nostra eternità. Questo è il mondo.

AMADRIADE. – Domani sapranno qualcosa, anche loro. E i sassi e le terre che un giorno torneranno alla luce non vivranno di speranza soltanto o di angoscia. Vedrai che il mondo nuovo avrà qualcosa di divino nei suoi più labili mortali.

SATIRO. – Dio volesse, capretta. Piacerebbe anche a me.

Le muse

Immenso tema. Chi scrive sa bene di avere osato non poco avvistando un solo nume nelle nove, o tre per tre, o soltanto tre, o anche due, Muse e Càriti. Ma è convinto di questa come di molte altre cose. In questo mondo che trattiamo, le madri sono sovente le figlie – e viceversa. Si potrebbe anche dimostrarlo. È necessario? Preferiamo invitare chi legge, a godersi il fatto che secondo i Greci le feste della fantasia e della memoria furono quasi sempre situate su monti, anzi su colline, rinnovate via via che questo popolo scendeva nella penisola.

(parlano Mnemòsine e Esiodo)

MNEMÒSINE. – In conclusione, tu non sei contento.

ESIODO. – Ti dico che, se penso a una cosa passata, alle stagioni già concluse, mi pare di esserlo stato. Ma nei giorni è diverso. Provo un fastidio delle cose e dei lavori come lo sente l'ubriaco. Allora smetto e salgo qui sulla montagna. Ma ecco che a ripensarci mi par di nuovo di esser stato contento.

MNEMÒSINE. – Così sarà sempre.

ESIODO. – Tu che sai tutti i nomi, qual è il nome di questo mio stato?

MNEMÒSINE. – Puoi chiamarlo col mio, o col tuo nome.

ESIODO. – Il mio nome di uomo, Melete, non è nulla. Ma tu come vuoi essere chiamata? Ogni volta è diversa la parola che t'invoca. Tu sei come una madre il cui nome si perde negli anni. Nelle case e sui viottoli donde si scorge la montagna, si parla molto di te. Si dice che un tempo tu stavi sui monti più impervi, dove son nevi, alberi neri e mostri, nella Tracia o in Tessaglia, e ti chiamavano la Musa. Altri dice Calliòpe o Cliò. Qual è il nome vero?

MNEMÒSINE. – Vengo infatti di là. E ho molti nomi. Altri ne avrò quando sarò discesa ancora... Aglaia, Egemòne, Faenna, secondo il capriccio dei luoghi.

ESIODO. – Anche te il fastidio caccia per il mondo? Non sei dunque una dea?

MNEMÒSINE. – Né fastidio né dea, mio caro. Oggi mi piace questo monte, l'Elicona, forse perché tu lo frequenti. Amo stare dove sono gli uomini, ma un poco in disparte. Io non cerco nessuno, e discorro con chi sa parlare.

ESIODO. – O Melete, io non so parlare. E mi par di sapere qualcosa soltanto con te. Nella tua voce e nei tuoi nomi c'è il passato, ogni stagione che ricordo.

MNEMÒSINE. – In Tessaglia il mio nome era Mneme.

ESIODO. – Qualcuno che parla di te ti dice vecchia come la tartaruga, decrepita e dura. Altri ti fanno ninfa acerba, come il boccio o la nuvola...

MNEMÒSINE. – Tu che dici?

ESIODO. – Non so. Sei Calliòpe e sei Mneme. Hai la voce e lo sguardo immortali. Sei come un colle o un corso d'acqua, cui non si chiede se son giovani o vecchi, perché per loro non c'è il tempo. Esistono. Non si sa altro.

MNEMÒSINE. – Ma anche tu, caro, esisti, e per te l'esistenza vuol dire fastidio e scontento. Come t'immagini la vita di noialtri immortali?

ESIODO. – Non me l'immagino, Melete, la venero, come posso, con cuore puro.

MNEMÒSINE. – Continua, mi piaci.

ESIODO. – Ho detto tutto.

MNEMÒSINE. – Vi conosco, voi uomini, voi parlate a bocca stretta.

ESIODO. – Non possiamo far altro, davanti agli dèi, che inchinarci.

MNEMÒSINE. – Lascia stare gli dèi. Io esistevo che non c'erano dèi. Puoi parlare, con me. Tutto mi dicono gli uomini. Adoraci pure se vuoi, ma dimmi come t'immagini ch'io viva.

ESIODO. – Come posso saperlo? Nessuna dea mi ha degnato del suo letto.

MNEMÒSINE. – Sciocco, il mondo ha stagioni, e quel tempo è finito.

ESIODO. – Io conosco soltanto la campagna che ho lavorato.

MNEMÒSINE. – Sei superbo, pastore. Hai la superbia del mortale. Ma sarà tuo destino sapere altre cose. Dimmi perché quando mi parli ti credi contento?

ESIODO. – Qui posso risponderti. Le cose che tu dici non hanno in sé quel fastidio di ciò che avviene tutti i giorni. Tu dài nomi alle cose che le fanno diverse, inaudite, eppure care e familiari come una voce che da tempo taceva. O come il vedersi improvviso in uno specchio d'acqua, che ci fa dire «Chi è quest'uomo?»

MNEMÒSINE. – Mio caro, ti è mai accaduto di vedere una pianta, un sasso, un gesto, e provare la stessa passione?

ESIODO. – Mi è accaduto.

MNEMÒSINE. – E hai trovato il perché?

ESIODO. – È solo un attimo, Melete. Come posso fermarlo?

MNEMÒSINE. – Non ti sei chiesto perché un attimo, simile a tanti del passato, debba farti d'un tratto felice, felice come un dio? Tu guardavi l'ulivo, l'ulivo sul viottolo che hai percorso ogni giorno per anni, e viene il giorno che il fastidio ti lascia, e tu carezzi il vecchio tronco con lo sguardo, quasi fosse un amico ritrovato e ti dicesse proprio la sola parola che il tuo cuore attendeva. Altre volte è l'occhiata di un passante qualunque. Altre volte la pioggia che insiste da giorni. O lo strido strepitoso di un uccello. O una nube che diresti di aver già veduto. Per un attimo il tempo si ferma, e la cosa banale te la senti nel cuore come se il prima e il dopo non esistessero più. Non ti sei chiesto il suo perché?

ESIODO. – Tu stessa lo dici. Quell'attimo ha reso la cosa un ricordo, un modello.

MNEMÒSINE. – Non puoi pensarla un'esistenza tutta fatta di questi attimi?

ESIODO. – Posso pensarla sì.

MNEMÒSINE. – Dunque sai come vivo.

ESIODO. – Io ti credo, Melete, perché tutto tu porti negli occhi. E il nome di Euterpe che molti ti dànno non mi può più stupire. Ma gli istanti mortali non sono una vita. Se io volessi ripeterli perderebbero il fiore. Torna sempre il fastidio.

MNEMÒSINE. – Eppure hai detto che quell'attimo è un ricordo. E cos'altro è il ricordo se non passione ripetuta? Capiscimi bene.

ESIODO. – Che vuoi dire?

MNEMÒSINE. – Voglio dire che tu sai cos'è vita immortale.

ESIODO. – Quando parlo con te mi è difficile resisterti. Tu hai veduto le cose all'inizio. Tu sei l'ulivo, l'occhiata e la nube. Dici un nome, e la cosa è per sempre.

MNEMÒSINE. – Esiodo, ogni giorno io ti trovo quassù. Altri prima di te ne trovai su quei monti, sui fiumi brulli della Tracia e della

Pieria. Tu mi piaci più di loro. Tu sai che le cose immortali le avete a due passi.

ESIODO. – Non è difficile saperlo. Toccarle, è difficile.

MNEMÒSINE. – Bisogna vivere per loro, Esiodo. Questo vuol dire, il cuore puro.

ESIODO. – Ascoltandoti, certo. Ma la vita dell'uomo si svolge laggiù tra le case, nei campi. Davanti al fuoco e in un letto. E ogni giorno che spunta ti mette davanti la stessa fatica e le stesse mancanze. È un fastidio alla fine, Melete. C'è una burrasca che rinnova le campagne – né la morte né i grossi dolori scoraggiano. Ma la fatica interminabile, lo sforzo per star vivi d'ora in ora, la notizia del male degli altri, del male meschino, fastidioso come mosche d'estate – quest'è il vivere che taglia le gambe, Melete.

MNEMÒSINE. – Io vengo da luoghi più brulli, da burroni brumosi e inumani, dove pure si è aperta la vita. Tra questi ulivi e sotto il cielo voi non sapete quella sorte. Mai sentito cos'è la palude Boibeide?

ESIODO. – No.

MNEMÒSINE. – Una landa nebbiosa di fango e di canne, com'era al principio dei tempi, in un silenzio gorgogliante. Generò mostri e dèi di escremento e di sangue. Oggi ancora i Téssali ne parlano appena. Non la mutano né tempo né stagioni. Nessuna voce vi giunge.

ESIODO. – Ma intanto ne parli, Melete, e le hai fatto una sorte divina. La tua voce l'ha raggiunta. Ora è un luogo terribile e sacro. Gli ulivi e il cielo d'Elicona non son tutta la vita.

MNEMÒSINE. – Ma nemmeno il fastidio, nemmeno il ritorno alle case. Non capisci che l'uomo, ogni uomo, nasce in questa palude di sangue? e che il sacro e il divino accompagnano anche voi, dentro il letto, sul campo, davanti alla fiamma? Ogni gesto che fate ripete un modello divino. Giorno e notte, non avete un istante, nemmeno il più futile, che non sgorghi dal silenzio delle origini.

ESIODO. – Tu parli, Melete, e non posso resisterti. Bastasse almeno venerarti.

MNEMÒSINE. – C'è un altro modo, mio caro.

ESIODO. – E quale?

MNEMÒSINE. – Prova a dire ai mortali queste cose che sai.

Gli dèi

— *Il monte è incolto, amico. Sull'erba rossa dell'ultimo inverno ci son chiazze di neve. Sembra il mantello del centauro. Queste alture sono tutte così. Basta un nonnulla, e la campagna ritorna la stessa di quando queste cose accadevano.*

— *Mi domando se è vero che li hanno veduti.*

— *Chi può dirlo? Ma sì, li han veduti. Han raccontato i loro nomi e niente più – è tutta qui la differenza tra le favole e il vero. "Era il tale o il tal altro", "Ha fatto questo, ha detto quello". Chi è veritiero, si accontenta. Non sospetta nemmeno che potranno non credergli. I mentitori siamo noi che non abbiamo mai veduto queste cose, eppure sappiamo per filo e per segno di che mantello era il centauro o il colore dei grappoli d'uva sull'aia d'Icario.*

— *Basta un colle, una vetta, una costa. Che fosse un luogo solitario e che i tuoi occhi risalendolo si fermassero in cielo. L'incredibile spicco delle cose nell'aria oggi ancora tocca il cuore. Io per me credo che un albero, un sasso profilati sul cielo, fossero dèi fin dall'inizio.*

— *Non sempre queste cose sono state sui monti.*

— *Si capisce. Ci furono prima le voci della terra – le fonti, le radici, le serpi. Se il demone congiunge la terra col cielo, deve uscire alla luce dal buio del suolo.*

— *Non so. Quella gente sapeva troppe cose. Con un semplice nome raccontavano la nuvola, il bosco, i destini. Videro certo quello che noi sappiamo appena. Non avevano né tempo né gusto per perdersi in sogni. Videro cose tremende, incredibili, e nemmeno stupivano. Si sapeva cos'era. Se mentirono quelli, anche tu allora, quando dici "è mattino" o "vuol piovere", hai perduto la testa.*

— *Dissero nomi, questo sì. Tanto che a volte mi domando se furono prima le cose o quei nomi.*

— *Furono insieme, credi a me. E fu qui, in questi paesi incolti e soli. C'è da stupirsi che venissero quassù? Che altro potevano cercarsi quella gente se non l'incontro con gli dèi?*

— *Chi può dire perché si fermarono qui? Ma in ogni luogo abbandonato resta un vuoto, un'attesa.*

— *Nient'altro è possibile pensare quassù. Questi luoghi hanno nomi per sempre. Non rimane che l'erba sotto il cielo, eppure l'alito del vento dà nel ricordo più fragore di una bufera dentro il bosco. Non c'è vuoto né attesa. Quel che è stato, è per sempre.*

— *Ma son morti e sepolti. Adesso i luoghi sono come erano prima di loro. Voglio concederti che quello che hanno detto fosse vero. Che cos'altro rimane? Ammetterai che sul sentiero non s'incontrano più dèi. Quando dico "è mattino" o "vuol piovere", non parlo di loro.*

— *Questa notte ne abbiamo parlato. Ieri parlavi dell'estate, e della voglia che ti senti di respirare l'aria tiepida la sera. Altre volte discorri dell'uomo, della gente che è stata con te, dei tuoi gusti passati, d'incontri inattesi. Tutte cose che furono un tempo. Io, ti assicuro, ti ho ascoltato come riascolto dentro me quei nomi antichi. Quando racconti quel che sai, non ti rispondo "cosa resta?" o se furono prima le parole o le cose. Vivo con te e mi sento vivo.*

— *Non è facile vivere come se quello che accadeva in altri tempi fosse vero. Quando ieri ci ha preso la nebbia sugli incolti e qualche sasso rotolò dalla collina ai nostri piedi, non pensammo alle cose divine né a un incontro incredibile ma soltanto alla notte e alle lepri fuggiasche. Chi siamo e a che cosa crediamo viene fuori davanti al disagio, nell'ora arrischiata.*

— *Di questa notte e delle lepri sarà bello riparlare con gli amici quando saremo nelle case. Eppure di questa paura ci tocca sorridere, quando pensassimo all'angoscia della gente di un tempo cui tutto quello che toccava era mortale. Gente per cui l'aria era piena di spaventi notturni, di arcane minacce, di ricordi paurosi. Pensa soltanto alle intemperie o ai terremoti. E se questo disagio fu vero, com'è indiscutibile, fu anche vero il coraggio, la speranza, la scoperta felice di poteri di promesse d'incontri. Io, per me, non mi stanco di sentirli parlare dei loro terrori notturni e delle cose in cui sperarono.*

— *E credi ai mostri, credi ai corpi imbestiati, ai sassi vivi, ai sorrisi divini, alle parole che annientavano?*

— *Credo in ciò che ogni uomo ha sperato e patito. Se un tempo salirono su queste alture di sassi o cercarono paludi mortali sotto il cielo, fu perché ci trovarono qualcosa che noi non sappiamo. Non era il pane né il piacere né la cara salute. Queste cose si sa dove stanno. Non qui. E noi che viviamo lontano lungo il mare o nei campi, l'altra cosa l'abbiamo perduta.*

— *Dilla dunque, la cosa.*

— *Già lo sai. Quei loro incontri.*

FINE

Note al testo

Avvertenza (prefazione di Cesare Pavese)

Questo inizio, questa confessione, è stata scritta sui diari che poi sono confluiti nel "Mestiere di vivere" che, molto edulcorato, senza nomi, riferimenti politici ed alcune riflessioni molto dure, è stato pubblicato nel 1952. È una introduzione appassionata e un po' polemica, molto personale, come tutti gli scritti dell'autore. Pavese sa, con la coscienza dell'intellettuale, con la sapienza del tecnico, con la follia dell'uomo di città e del bambino che correva sulle colline, e con la tristezza del depresso, del mai contento, dell'oppresso dalle sue paure e dalle sue ossessioni, dicevo di rappresentare con le sue parole una quantità enorme di umanità, sa di essere compreso dagli intellettuali e spera, forse vanamente, di essere amato e seguito in questa sua ricerca. È convinto, già dalle prime righe, di poter far vedere al lettore il mondo attraverso i suoi occhi, con l'aiuto del Mito e della fantasia. Costringe così, consapevolmente, il sapiente a ricercare negli angoli della memoria ogni nome, ogni fatto ed ogni battaglia evocata, e l'ignorante (chi non ha studi classici, dimestichezza con le opere degli antichi) a figurarsi tutto un mondo fatto di mare, di montagne, di rupi e strapiombi, di piante, di vento e personaggi dai nomi impronunciabili che, pian piano, diventano familiari. E vuole stupirci invitandoci infine a fissare un oggetto (a leggere e rileggere ogni parola) fino a quando quell'oggetto ci apparirà miracolosamente nuovo e diverso da ciò che abbiamo finora visto, in una sorta di catarsi religiosa della materia, e della mente che la osserva. Non per nulla questo concetto sarà uno dei temi più importanti degli scritti di Beppe Fenoglio che con Pavese condivideva le origini langarole e le esperienze contadine.

Affrontare il commento di ogni dialogo sarà una grossa impresa, chiedo perdono al lettore se non riuscirò a chiarire ogni dubbio. La mia vera intenzione è di affiancare gli amici nella sorpresa e nell'introspezione di questo viaggio, che ritengo meraviglioso, attraverso il Mito e la complessità della figura di Cesare Pavese.

La nube

Issione è stato Re dei Lapiti, antica tribù della Tessaglia. Per dispetto verso la famiglia della sposa non consegnò ai parenti la dote per la mano di Dia. Questo fece arrabbiare molto il futuro suocero che rubò al re, durante il banchetto nuziale, i cavalli. Issione finse di non infuriarsi e ospitò, dopo qualche tempo, il suocero ad una festa a Larissa. Durante il banchetto Issione uccise il padre di sua moglie facendolo cadere in un letto di carboni accesi. Dopo aver subito la vendetta dei sovrani dei regni confinanti che, costringendolo all'esilio, lo portò alla follia, fu perdonato da Zeus. Come ogni eroe mitico ricadde nel peccato cercando di sedurre, durante un banchetto, una donna costruita con l'inganno da Zeus e rassomigliante ad Era (la moglie dei più importante degli Dei). La donna era stata modellata dalla sostanza della nube Nefele. Pare che dalla velocissima unione dei due corpi, fosse stato concepito un centauro. Zeus fece punire Issione da Ermes che lo costrinse a ripetere la frase: "I benefattori devono essere onorati".

Poi, con l'aiuto di Efesto, Ermes gettò nel Tartaro Issione che fu legato ad una ruota e costretto a girare in eterno nella volta celeste.

"Non si sollevano impudentemente gli occhi a una Dea".

La Chimera

Ippoloco è zio di Sarpedonte ed è fratello di Isandro e Laodamia. Per interrompere la lotta fratricida tra Ippoloco e suo fratello Isandro, entrambi pretendenti il trono della Licia terminata con la terribile prova della freccia da scoccare nel cuore di un bambino, Laudamia utilizzò il figlio Sarpedonte come bersaglio, fermando gli arcieri e proponendolo come nuovo sovrano. Sarpedonte è nato da una relazione di Laudamia con Zeus, e Ippoloco è figlio del famosissimo Bellerofonte, l'uccisore della Chimera, il cavaliere di Pegaso, il mitico equino alato. Naturalmente qui si parla della pazzia di Bellerofonte, della sua incapacità di vivere in un mondo che non è più quello del suo passato, un mondo che è cambiato anche grazie a lui. L'eroe di questo si fa colpa, e di altro ancora, e i ragazzi non riescono a capirlo. Lo scrittore, almeno in questo dialogo, si trasfigura in Bellerofonte. Lui ha ucciso la Chimera (credeva di far bene entrando in un mondo nuovo di cui era voce e volto famoso) ma ha trovato la solitudine, ed una realtà che non capisce, perché troppo diversa da quella che si era augurato. Pensa già al suicidio (in quegli anni, forse, persino lo tenta), ma la scrittura è per lui terapeutica, almeno in questa fase, ed è fonte di una labile speranza. Non per nulla i dialoghi parlano di tutto, meno che di politica.

"Nessuno si uccide. La morte è destino. Non si può che augurarsela".

I ciechi

Edipo e Tiresia. Tiresia è cieco, è stato donna per sette anni, e incontra Edipo. Il giovane oltre a cercare le sue origini, subire la profezia più dolorosa, quella di essere destinato ad uccidere il padre e sposare la madre e battere la Sfinge risolvendo l'indovinello sta per diventare Re. Nel momento descritto nel dialogo molto deve ancora accadere ma è segnato nelle parole dei due. La strada, il sesso, il dolore, l'indovino, la predizione, la maledizione, l'avventura, il regno, il rapporto tra madre e figlio. Tutta la tragedia greca, tutto il romanzo, tutto il teatro popolare vive su questi nomi, su queste storie, su questi archetipi. Gli argomenti della tradizione non sono dimenticati nella narrazione del dialogo, sono celati ed espliciti nello stesso tempo. Ma è il sesso, con le sue vibrazioni, le eccezioni e le delusioni carnali a farla da padrone (come nella mente dello scrittore).

"C'è un grosso serpe in ogni giorno della vita, e si appiatta e ci guarda".

Le cavalle

Ermete (Hermes il Dio volante) porta a Chirone (il centauro) un bimbo appena nato dalle ceneri della bella Coronide, trasformata da Zeus in cavalla per poterla amare e domare. Durante l'incendio in cui la donna viene bruciata dalle fiamme Hermes ha salvato, per ordine di Zeus, il neonato Asclepio destinato, attraverso l'educazione del centauro, a diventare la divinità della Medicina e della cura dei corpi. Le immagini evocate dal racconto sono di una bellezza stupefacente, come la introspezione del rapporto d'amore tra padre e figlio e quello tra maestro e allievo.

"Ma le fiamme e le vostre criniere si somigliano troppo".

Il fiore

Eros e Thanatos, l'Amore e la Morte, ci raccontano la tragedia di Iacinto, la sua morte casuale, o procurata dal vento geloso. Tutta la natura resta ferma a guardare l'amore e la sofferenza di Apollo, quel disco lanciato tra i raggi del sole che cade giusto sulla tempia del giovane che lui stesso sta allenando per fargli vincere i giochi olimpici. Nel racconto di Pavese però c'è una tristezza profonda, la consapevolezza che quello che tocca un Dio, quando si avvicina ai mortali, si trasforma in tragedia. Traspare, nel dialogo, la certezza dell'autore di essere un po' come Giacinto, toccato dalla fortuna dell'amore e destinato alla sconfitta, alla morte, dopo avere conosciuto la gioia, o essersi avvicinato troppo ad essa. Non c'è alcun riferimento ai culti sorti a Sparta per giustificare la pederastia, piuttosto possiamo intravedere una vaga somiglianza tra il fiore (Giacinto) e Cristo, nel sottile pensiero della resurrezione in forma naturale e, questo mi pare importante, nell'apoteosi del sacrificio, casuale o forzato, che trasforma il giovane principe affascinante, atletico e intelligente, in una vittima che merita il pianto della divinità.

"Che per nascere occorra morire, lo sanno anche gli uomini. Non lo sanno gli Olimpici".

La Belva

Qui è ancora l'amore a coprire, nell'oscurità della natura selvaggia, come in una notte eterna, il monte Latmo da cui è sceso Endimione. Lui ha conosciuto il sogno e l'incubo dell'amore carnale mai fatto con la bella e feroce Artemide. Non può più dormire, attanagliato dai ricordi e dalle forti emozioni del contatto con la dea, con la natura e con la forza dell'istinto, e non può svegliarsi, che ormai è disperato. Vive nella speranza di poter provare ancora la dolcezza e la forza di quei momenti, sapendo che ormai è la pazzia a guidare i suoi passi. Pavese sembra svelare al lettore i suoi più reconditi aneliti di immaginazione, e le sue più intime fonti di follia. Gli Dei, sono più vicini, forse troppo, nella notte eterna di chi veglia nel sogno per paura di addormentarsi.

"Non dovrai svegliarti, mai".

Schiuma d'onda

Saffo, la grande poetessa, dopo il suicidio è diventata schiuma d'onda. Sulla spiaggia incontra Britomarti, la ninfa che per sfuggire al mortale si è tuffata in mare e, dopo essere stata travolta nelle onde, ora è onda anch'essa. Questo è il primo di alcuni dialoghi tra figure femminili. Il mare è il protagonista, il mare di sangue, di amore, di sperma e di lacrima come dice Pavese. Il Mediterraneo ha il respiro della dea che è nata dalle sue onde, la dea donna per eccellenza, Artemide, la nostra Venere. E nel dialogo si parla di donne, del destino, della sofferenza che sembra una condanna: diventare schiuma d'onda.

"C'è ancora un'isola che non hai visto. Quando sorge il mattino è la prima nel sole...".

La madre

Il mito ci racconta di Meleagro e di sua madre che, visitata dalle Moire una settimana dopo il parto, ricevuta una profezia infausta che legava la vita di suo figlio al preservamento di un tizzone del focolare di casa, racchiuse quel pezzo di bracc in una cassa. Meleagro divenne forte e fu uno degli Argonauti. Il padre un giorno offrì un grande olocausto agli Dei, dimenticandosi di onorare Artemide, che mandò nelle sue terre, per vendetta, un gigantesco cinghiale che devastava le terre e uccideva chiunque si avvicinasse. A questo punto molti eroi furono coinvolti nella caccia, compresa l'Amazzone Atalanta che, oltre a affascinare Meleagro, colpì per prima il mostro, aiutando i cacciatori ad ucciderlo. Meleagro voleva onorare l'Amazzone concedendole il trofeo, reclamato con forza dai fratelli di sua madre. Fu così che il giovane eroe uccise gli zii in una di quelle belle liti familiari che tanto divertivano gli Dei. La madre, Altea, distrutta e inviperita, corse a prendere dalla cassa il tizzone gelosamente conservato e, in un impeto di lucida ira vendicativa, lo buttò nel fuoco, uccidendo, per conseguenza, suo figlio. Il dialogo di Pavese è tremendo. Riflette tutta l'ansia e la disperazione della sua vita familiare. Il padre è morto quando il poeta aveva solo sei anni. La madre è stata tutto per lui, che è cresciuto da solo, seguendo il respiro di quella donna, probabilmente dura, o almeno decisa a portare avanti la famiglia. E racconta della difficoltà dell'uomo di andare via, a cercare, o peggio, a trovare, un'altra donna, che lo ami ma non lo distrugga.

"Allora, dimmi, perché ci hanno ucciso?".

I due

Qui non occorre commentare troppo. I protagonisti del dialogo sono Achille e Patroclo, la notte prima del duello che vedrà il giovane amico del Pelide soccombere. Nulla rimane da dire se non ascoltare le parole dei due, che riportano a Omero e al campo, all'accampamento dei soldati Greci. Resta un alone di tristezza, il rimpianto del passato, la gioia della condivisione delle esperienze, un po' di odore di vino e di sangue, e il racconto straordinario di un'amicizia destinata, forse, a non morire, nonostante tutto.

"E la giornata era breve ma gli anni non passavano mai".

La strada

Edipo, al tempo di questo dialogo, si è già accecato e vaga come un mendicante, incontrandone uno, tra le colline e i monti di Grecia. Sembra molto semplice a una prima lettura, il tema del destino che muove il discorso tra il Re che ha perso il trono e tutto il resto, e il povero mendicante. In realtà Pavese vive l'angoscia della sua posizione nella vita reale, e si specchia in essa. Sa di essere stato fortunato, un predestinato, soprattutto a confronto di molti suoi coetanei, e sa di essere arrivato, con meriti che forse non si riconosce, al massimo della popolarità. Ma vive tutto con la certezza di dover pagare al destino un conto troppo salato, esattamente come Edipo. Quello che tormenta il Re, colui che ha risposto all'enigma, colui che ha raggiunto il potere e sposato inopinatamente la madre, è l'oracolo ricevuto in gioventù, quella profezia avverata che rende inutile ogni combattimento contro la sorte scritta. Per lui, e per lo scrittore, il peso della sorte è pesante, ma nel dialogo, nella scrittura, nel racconto, forse ci si può persino trovare la serenità dell'attimo. Il cieco e il mendicante ancora stanno parlando, nel tuo cuore, lettore, per non pensare a ciò che è senz'altro peggio della morte, la vita.

"Sto per dire che anche il tuo desiderio di scampare al destino è destino esso stesso".

La Rupe

Prometeo è il titano che ha plasmato l'uomo, ha ingannato Zeus donando agli uomini le parti migliori del Toro sacrificato e ha rubato il fuoco agli Dei per regalarlo agli umani condannati al freddo ed alle malattie. Per rappresaglia viene preso e incatenato ad una rupe e obbligato a subire le ferite provocate da un'aquila. Eracle, nelle sue avventure, arriva alla torre, uccide l'aquila e libera il Titano. Prometeo è sempre stato il simbolo della ribellione, della forza umana, della tenacia e della resistenza. Ma nel racconto l'accento è posto sul fatto che Eracle, prima di ammazzare l'aquila ha ucciso il Centauro Chirone, simbolo dell'intelligenza e della cultura e imparentato con la stirpe titanica. Ora è necessario che il curatore venga perdonato dal lettore per il folle accostamento che viene presentato. La rupe, nel racconto del comunista ateo Pavese, bandiera della cultura marxista del suo tempo, assume la valenza della croce e non c'è parola nel dialogo che non ci riporti alla vicenda umana e salvifica della vita, della morte e della resurrezione del cristo (nella versione cattolica della storia). Non vi dirò di più, non volendo prendere posizioni troppo estreme e, probabilmente, divisive.

L'inconsolabile

Questo dialogo, che vede protagonisti Orfeo, il mitico poeta dell'amore e della morte, e Bacca, una donna di Tracia affascinata dalla storia del cantore, è certamente uno dei più famosi della raccolta. Il racconto iniziale di Orfeo è splendido, ricco di poesia ed evoca, usando la consapevolezza del contrappasso morale, le prime quartine della Divina Commedia. Mentre il disperso Dante, trasfigurato nella sua opera solo e disperato, avanza nella selva degli incubi a ricercare una speranza di vita, l'Orfeo di Pavese ha traversato l'inferno per andare a recuperare dai morti il suo amore Euridice ma si arrende all'evidenza dei fatti: la morte è la vera vincitrice nella tragedia umana e nulla si può contrapporre ad essa nemmeno il più grande e appassionato degli amori.

"Ridicolo che dopo quel viaggio, dopo aver visto in faccia il nulla, io mi voltassi per errore o per capriccio".

L'uomo-lupo

I cacciatori hanno ucciso un lupo, o forse no. Forse quel corpo coperto di peli è umano, forse è addirittura quello di Licaone, re che ebbe l'ardire di servire a Zeus, in quei giorni camuffato da mendicante, in un banchetto solenne le carni umane di un suo nipote. Naturalmente il dio, offeso e indignato, fulminò tutti i partecipanti alla macabra mensa, riservando al sovrano il destino di trasformarsi in uomo-lupo vagante nei boschi e nelle valli del suo regno. Pavese osserva la storia nel momento della fine, riservando ai due cacciatori il ruolo della giustizia, della pietà e delle leggi morali e civili che governano l'umanità, mai così forti e terribili da placare la bestia che si cela nel cuore di ciascun vivente.

"C'è una pace al di là della morte. Una sorte comune. Importa al lupo che è in noi tutti".

L'ospite

Ancora un dialogo splendido nel ritmo, nella dinamica del discorso, nella velocità dello scambio delle battute. Un dialogo estremamente teatrale e, nella sua quasi comica soluzione, anche molto legato alla passione di Pavese per le origini contadine della sua famiglia. Di Eracle, Ercole, il lettore sa quasi tutto. Litierse, il signore di Celene è un personaggio legato alla crudeltà di certi antichi riti propiziatori. Insieme sulla scena ci danno l'idea della grandezza del Pavese narratore.

"Tu non sei contadino, lo vedo".

I fuochi

Altro dialogo di una bellezza straordinaria. Nella notte dei fuochi accesi in onore e in sacrificio agli Dei, sulla collina, padre e figlio (contadini o pastori) alimentano le fiamme del loro piccolo falò. Il figlio chiede e il padre racconta della necessità di richiamare la benevolenza degli Dei sulle loro terre. Carico di poesia e di amore per la terra e per il paesaggio, il dialogo assume una valenza specifica anche nella produzione letteraria del Pavese romanziere che riprenderà l'argomento nel romanzo "La luna e i falò".

"Se uno fa piovere, piove per tutti".

L'isola

Quasi un preludio all'Ulisse di Dante, scritto seicentocinquanta anni dopo la Commedia. Stare fermi, tra il mare e la noia, il respiro del vento e l'immortalità o tornare a cercare orizzonti, o quell'isola lontana che è rimasta nell'anima? Cesare diventa Odisseo. Ogni poeta è Ulisse, porta nel cuore la sua Itaca ma è attratto da Circe o sedotto da Calypso, dalla dea immortale della spiaggia e del silenzio.

"Non sei qui con me, Odisseo. Tu non accetti l'orizzonte di quest'isola e non sfuggi al rimpianto".

Il lago

I "dialoghi", in gran parte, ci raccontano le sensazioni dello scrittore e si presentano come una sorte di specchio della sua anima. Sono convinto che la scrittura, in generale ma soprattutto quella del novecento, sia una sorta di "lettino dello psicologo" per le menti degli autori. Molta produzione letteraria non fa che illuminare, con riflettori potenti, la psiche dello scrittore e, di conseguenza (come per simpatia), quella del lettore. Protagonista del dialogo è Virbio, o meglio Ippolito, morto e resuscitato da Diana, che lo ha trasportato sui colli Albani, a Occidente, nel regno dei morti.

Pavese ha vissuto molto a Roma e la gita ai colli Albani, a Castel Gandolfo, era uno dei modi migliori per passare la domenica nella capitale. Il curatore si immagina il giovane intellettuale torinese, schivo e imbarazzato, trascinato verso quei luoghi così carichi di vita, di sorrisi e di storia. Quei laghi, che in fondo gli ricordano il lago di Avigliana (meta di turismo domenicale dei torinesi) e quelle foreste, così fitte e ombrose, assomigliano forse all'antico paese dei morti? Così Ippolito diventa il suo alter-ego. Ippolito era vergine (lo afferma il poeta nell'introduzione al racconto), è morto (il confino, il ritorno a Torino, la guerra, la morte degli amici, le problematiche irrisolte con le donne) ed è stato riportato in vita (l'arrivo a Roma, gli incarichi di lavoro, le compagnie femminili). Ma Ippolito-Cesare si domanda se fosse giusto tornare a vivere in un paese di morti e chiede a Diana, la Dea, di poter ancora sentire qualcuno al suo fianco, di avere una donna, una speranza e di poter continuare a vivere.

"Ho bisogno d'avere una voce e un destino".

Le streghe

Odisseo. Ancora lui. Questa volta è il protagonista del dialogo tra le ninfe. Leocotea ascolta e Circe ricorda dell'anno passato con il Re di Itaca, con il combattente, l'astuto, il forte e ridicolo nel suo essere uomo agli occhi della donna. Lei racconta, e il poeta sogna d'essere al centro di quel sogno, ogni poeta è stato Odisseo. Un altro dialogo splendido che tratteggia ambienti, personaggi, sensazioni, emozioni in modo sublime.

"L'uomo mortale, Leucò, non ha che questo d'immortale. Il ricordo che porta e il ricordo che lascia".

Il toro

Il dialogo è il racconto della vita di Teseo, del suo cercare la strada per l'avventura e di tutto il sangue versato per ritornare a casa. Ma le vele nere non verranno abbassate ed il Re padre penserà che suo figlio, l'eroe, sia morto, e si getterà in mare. Mostri, sangue, amori e invidie, ecco la vita. Ecco che anche gli eroi invecchiano e diventano scaltri.

"Quel che si uccide si diventa".

In famiglia

Uno dei dialoghi più complessi da comprendere, sia per la quantità di riferimenti alle leggende e ai personaggi del mito sia per la tematica molto intima. Sono i fratelli di Elena a parlare, a non essere convinti delle scelte che, in generale fanno le donne. A vedere, come spesso avviene, le liti familiari, le disgrazie tra consanguinei, generate dai capricci e dalle intromissioni parentali. E gli Atridi, Menelao e Agamennone diventano un archetipo di tutti gli uomini, attratti da donne non certo docili. Qualcosa di questo è rimasto, pensa il curatore, nella rappresentazione della madre cristiana?

"Hanno bisogno della vergine crudele, di quella che passa sui monti".

Gli Argonauti

Giasone è vecchio. È il tempo dei ricordi e dei rimpianti, e del resoconto. Bella l'immagine di Melita, serva e custode del tempio di Corinto, colei che rende Dei per un giorno gli uomini che salgono in cima alla collina, ma poi si accorgono della carne mortale e cercano la divinità in altro modo. Il vecchio combattente, ormai cieco e stanco, racconta le sue avventure alla ragazza. Non dimenticando Medea ed Ercole.

"Tutti noialtri, vecchi e morti, conoscemmo una maga".

La vigna

Teseo abbandona Ariadne, dopo la ben nota storia del filo. Le vele nere della sua nave sono andate via e sull'isola la giovane è rimasta a piangere, accanto alla ninfa Leucò. Tra poco passerà Dioniso di ritorno dall'India e la condurrà con sé, trasformandola in costellazione. Ancora un dialogo tra donne, sulla condizione femminile e sui problemi dell'amore, della solitudine e del trovare un appiglio. Le donne di Pavese sono anche figlie del loro tempo, una generazione che ha visto la guerra e non ha paura di niente. Sono donne che intravedono la libertà, la gioia di sentirsi più guardate e desiderate che un tempo. Sono donne più intraprendenti e, pur rispecchiate nel mito, hanno voci e volti che ci ricordano quelli dei film degli anni quaranta e cinquanta. Donne consapevoli del loro ruolo, ma ancora pronte ad innamorarsi (è il sogno di ogni scrittore).

"Sulle vigne di notte ci sono anche stelle".

Gli uomini

Zeus. Protagonista assoluto del dialogo tra il Potere e la Forza è il più importante tra gli Dei, colui che ha preso il comando di tutta una generazione di divinità, quelle scese dall'Olimpo tra gli uomini, quelle che hanno preso il posto degli altri, di quelli che c'erano prima. E lui, Zeus, si diverte a scendere dai monti, dalle colline, verso le città degli uomini. Va a cercarli, aiutarli o combatterli. Va a sedurre le donne più belle, a conquistare città, incutendo terrore o compassione. Pretende molto ma dona gioie e impartisce dolori a quei poveri mortali, suscitando le considerazioni, non proprio favorevoli, di Cratos e Bia. Un dialogo sul destino e sulle peculiarità dell'uomo, soprattutto sulla peculiarità della vita e della morte.

"Se n'è andato e cammina tra gli uomini".

Il mistero

Questo dialogo pone, al curatore, una serie di quesiti irrisolti. Protagonisti sono Dioniso e Demetra. Già nella piccola presentazione l'autore si sbilancia, citando come durante la celebrazione dei Misteri Eleusini e Dionisiaci, in secoli remoti, i sacerdoti presentassero agli iniziati un primo modello divino di immortalità. Gioca, Pavese, a farci ragionare sul fatto che Dioniso è l'uva, il Vino, e Demetra la spiga, il Pane. Se dovessimo addentrarci in discorsi sulla storia e sull'evoluzione della religione e dei culti ci sarebbe da perdere tempo e non arrivare al dunque. Resta certo, il curatore, che tutto, in questo campo, può essere detto e tutto smentito, ma non teme di sbagliare precisando che l'autore, nel dialogo, dice di più di quello che il lettore è in grado di leggere. Pavese era perfettamente conscio delle cose che scriveva, avendo studiato e meditato sul tema, e sapeva come tutto questo discorso non fosse gradito dalla parte politica che lo aveva in dote e ne aveva fatto una bandiera. Dal canto loro, gli intellettuali del tempo, non lo criticarono nemmeno troppo. Gli argomenti del dialogo restano un mistero ai più, ed è bene sia così. Sono discorsi questi che, se non si vogliono capire (per ignoranza, insofferenza o peggio per indottrinamento) non si possono nemmeno affrontare.

"Insegnargli un destino che si intrecci col nostro".

Il diluvio

Ecco ancora una citazione mitica, precedente al Mito greco. Pavese si riferisce al diluvio che, nel mito ancestrale di ogni religione, arriva a distruggere la civiltà e l'umanità cattiva, quella che poteva godere della presenza degli Dei. Anche in questo dialoga si cimenta in una ardita costruzione del racconto, piena di immagini bellissime e molto legate alla distruzione dell'acqua, del temporale continuo, della pioggia che cade sull'acqua. Ed è difficile pensare che il diluvio in questione, così lontano nel tempo, non venga paragonato dall'autore alla guerra appena finita, guerra in cui tutti, alla fine hanno perso. L'umanità tornerà in possesso della terra, dopo aver pagato con la morte la colpa, e tornerà migliore, con qualcosa di divino in più, la consapevolezza. Ma sarà veramente così?

"Oseranno uccidere gli Dei per vederli rinascere. Si daranno un passato per sfuggire alla morte".

Le Muse

Il dialogo è forse il più bello del libro, almeno quello più intimo. Ecco ancora apparire evocati i riti, i fuochi sulle colline e le feste Dionisiache. Ecco le pagine in cui il poeta (Pavese è poeta di prima grandezza) si rivela al lettore per quello che è, e che vorrebbe essere: messaggero d'amore, di storie e racconti, di speranza e di illusione perduta. Ecco il poeta che riceve la missione dalla Musa, di tutte le Muse. Ecco l'uomo che si eleva a cantore e ci può rivelare la sorte. Lui ora sa che il divino, il mistero, l'ignoto, fanno parte della vita dell'uomo, ne dettano i tempi, come la nascita, la morte, il sesso e l'amore, come l'odio e la furia, come il lutto e la festa. Lui sa e può raccontarli. Resta, nel cuore del curatore, un'intima e chiara sensazione di come queste parole lette quando, diciottenne, si apprestava a costruirsi una vita, abbiano potuto scatenare la ricerca continua e la voglia, mai sopita, di cimentarsi a narrare, di prender per buone le ultime parole della Musa Mnemosine a Cesare Esiodo.

"Prova a dire ai mortali queste cose che sai".

Gli dei

Un ultimo, splendido cameo sull'immaginazione umana e sulla forza del paesaggio, della terra e del cielo. Cosa sono gli Dei? Qualcuno li ha visti o sentiti parlare? No certamente, o forse sì. Tutti, sin da bambini, siamo portati a conoscere perfettamente il mito, la dottrina, il catechismo e diamo per certe cose che impariamo per fede. Ma le colline, le rupi, le montagne, il mare profondo, le luci della notte stellata attirano i nostri pensieri e li fanno diventare speranza, o illusione, o fede ancora più certa. Il mito è nato con noi, con le necessità umane. E sembrerebbe tutto normale, parrebbe, alla fine, tutta un'invenzione per chi vive tranquillo la vita nelle città e nelle campagne. Ma il libro si chiude con una frase sibillina. "Già lo sai, quei loro incontri." Come se l'uomo Cesare anelasse quasi incontrare gli Dei, le entità sconosciute dei monti e delle selve, per avere un appiglio, una ragione ancora di vita.

Passeranno quattro anni, forse meno. Questo libro, appoggiato sul comodino di una stanza dell'Hotel Roma a Torino, sarà vicino a quel corpo addormentato per sempre.

Indice generale

L'impresa titanica: Annibale e i Taurini-D. Tacchino

Waterloo-Pier-Giorgio Tomatis

Tra le ali del vento-Danilo Tacchino

La traccia del fuoco: La cassa d'oro-Claudio Calzoni

Lux lucet in tenebris-Pier-Giorgio Tomatis

Zero in condotta-Marco Edoardo Sanfelici

194

Dal catalogo di Edizioni Hogwords

Le amiche del ventaglio-Maria Concetta Distefano

La vita in piazza-Maria Concetta Distefano

Palpiti d'Eros-Postremo Vate

Lockdown-Gabriella Gumina e Pier-Giorgio Tomatis

GeoCinema, i luoghi del cinema a Torino-Renata Cardillo

Sarà capitato anche a voi-Dario Sieve

Il Serpente Piumato-Claudio Calzoni

Omicidio a Porta Pila-Anna Maria Stratta e Franca Boscolo

Si stava meglio quando si stava peggio-Paola Alessandra

Naufragio nell'Incubo-Postremo Vate

Incubi di Vita e Deliri d'Inquietudine-Postremo Vate

Poesie Cristiane-Postremo Vate

Robinson Sr.-Pier-Giorgio Tomatis

Luce da altri mondi-Gaetano Pizzuto

La traccia del fuoco: la rivelazione-Claudio Calzoni

Memoriale alieno-Davide Ghezzo

Diario di Anna-Graziella Bevilacqua

Omicidi tra gli spilli-Anna Maria Stratta e Franca Bosco

AL LETTORE

Se lo ritenete piacevole e opportuno scrivete una recensione sulla pagina Amazon dedicata a questo libro.

Mi aiuterete a migliorare e a pubblicare libri sempre più attenti ai Lettori e alle loro esigenze.

In ogni caso, se siete giunti a leggere queste righe, vi ringrazio perché mi avete fatto un regalo che vale più di tutto l'oro del mondo.

Ogni libro che viene letto è un mattone posato per edificare la più grande e ospitale Casa in cui l'uomo abbia mai dimorato: quella della Cultura.

GRAZIE.

Claudio GALZONI

Puoi ordinare i libri di manualistica,
saggistica, narrativa, poesia,
per l'infanzia, della Casa Editrice Edizioni Hogwords
inviando una email a
edizionihogwords@gmail.com
sulla pagina FaceBook
https://www.facebook.com/edizionihogwords
telefonando al **3383229758**
oppure al **3774067502.**

Printed in Great Britain
by Amazon

79985163R00119